지은이 유석규

서울 출생. 일본 국립대학을 마치고 동대학원을 졸업했다. 일본어 전문 컨설턴트로, 통역과 번역 일을 하고 있다. 현재 일본 유학 관련 작가로 활발히 글을 쓰고 있으며, 오산대학교에서 일본어를 가르치고, 스타패밀리엔터테인먼트 해외프로모션 담당 이사로 재직 중이다. 저서로는 《돈 없이도 버티는 서바이벌 일본 유학》이 있다. www.seokkyu.com

고마워 아리가또 땡큐

초판 1쇄 인쇄 2011년 8월 29일
초판 1쇄 발행 2011년 9월 5일

지은이 유석규
일러스트 만화가 변기현
표지디자인 블룸
펴낸이 한익수
펴낸곳 도서출판 큰나무
등록 1993년 11월 30일 (제5-396호)
주소 410-360 경기도 고양시 일산동구 백석동 1455-4 1층
전화 031-903-1845
팩스 031-903-1854
이메일 btreepub@chol.com
블로그 blog.naver.com/btreepub

값 12,000원
ISBN 978-89-7891-268-6 (13810)

잘못 만들어진 책은 구입하신 서점에서 교환하여 드립니다

고마워 아리가또 땡큐

고마워 아리가또 땡큐

유석규 지음

프롤로그

미국이 인종 시장의 선진국이라고 하지만 일본도 만만치 않다. 외국인 유학생, 엔벌이(노동/근로자) 등 셀 수 없을 만큼의 외국인들과 서로 부비며 살아가는 곳이다.

 아메요코는 생선 냄새 비릿한 냄새가 난다.
 니시구치는 아스팔트의 껌 딱지 냄새가 난다.
 이케부쿠로는 비릿한 립스틱 냄새,
 시부야는 여름 과일이 상한 냄새,
 하라주쿠는 달달한 크림 냄새,
 간다는 헌책과 쉐이빙 크림 포마드 냄새,
 오차노미즈는 가죽과 기타 냄새,
 그리고 내 방은 희망의 냄새.

기억 속에 남은 끼적거림의 흔적은 냄새로 이어진다. 이렇게 연결된 장면과 모습은 나지막이 떠돌아다니고 무심코 던져진 그물에 옳거니 걸린다.
 사람들은 추억이라고 이야기한다. 걸음을 걷다가 어떤 향이나 냄새에 울고 싶어질 때가 있다. 그 시간으로 달리고 싶다. 이미 달려가고 있다. 아련히 마음과 머리로 외우고 있던 그 향기를 맡으면 말이다.
 가슴이 무너진 것일지 모른다. 가슴이 무너져내려 더욱 힘들어질지도 모른다. 그렇게 가슴에 향기가 감돌아 움직인다.

유석규

목차

프롤로그 • 4

01 케냐, 마야카 • 9

02 Sorry Sorry Sorry • 16

03 스리랑카는 섬나라? • 23

04 사만티카 • 29

05 홍콩인 패트릭 • 38

06 CP Fall in Love • 44

07 토요시마 선생 • 51

08 타이완, 리짱 • 57

09 오오키 선생 • 69

10 나와 전무 • 82

11 한국인 하시리야 • 89

12 이란인, 지미 • 99

13 야쿠자 가네무라 • 108

14 에미상 DV • 117

15 보일러실의 카메라 • 128

16 요르단, 자빌 • 137

17 뻥쟁이 폴 • 148

18 바람둥이 마샬 • 158

19 국비 유학생 카이루루 • 170

20 케이시 • 180

21 진상 • 195

22 보보루치 • 204

23 호스트 • 217

24 여행 • 228

에필로그 • 238

케냐, 마야카

아프리카 사람이 기린과 사자를 일본의 동물원에서 처음 보다니!
마야카는 정말 처음 본 동물이 기린이었다. 사자도 펭귄도!

케냐 출신의 빠른 마라토너다. 일본어 학교 재학 시절 같이 수업을 받은 적이 있다. 마야카는 일본 모 대학의 영웅이자 유학생이며 그 대학의 마라톤 선수였다.

일본은 연말연시에 각 대학 대항으로 역전마라톤이 열린다. 대학에서는 일본인 선수의 기량만으로 우승을 기대하기 어려워지자 외국 마라토너를 수입하기 시작했다. 그중 한 명이 마야카다.

마야카는 운동선수이지만 언어의 벽을 넘어야 하기에 일본어 학교에 입학했고, 우리는 우연히 같이 수업을 받게 되었다.

첫 만남은 교실 안이었다. 인종차별주의는 아니지만 내

자신이 그곳에서 외국인임을 잊어버리고 마야카를 보면서 그가 외국인임을 한눈에 실감했다. 더욱 신기한 건 서로 외국어로 이야기할 수 있다는 것이었다.

마라토너는 늘 그렇게 말라 있는지 몰랐다. 그도 그럴 것이 매일같이 뛰는 선수에게 지방이 쌓일 여유는 없을 것이다. 100미터만 전력 질주해도 금방이라도 터질 것 같은 심장을 가진 평범한 일반인은 더더욱 알 리가 없다.

마야카는 언제나 교실의 중간에 앉아 있었다. 혈액형이 A형이거나 B형이거나 AB형이거나 O형이라도 구석을 찾기 마련인데 그는 늘 중간에 있었다. 교실이 자기 것인 양 늘 앉아 있었다, 중간에.

수업 시간에 ~です(입니다), ~ます(습니다)를 배우는데 이 친구는 절대 배운 것을 쓰지 않았다. 케냐식 일본어를 썼다. 즉 반말을 했다. 자기보다 나이가 많든 선생이든 교장이든 코치든 감독이든 국회의원이든 상관없이 케냐식이었다!

어느 날, 선생님이 학생들에게 질문을 했다.

"일본에서 가장 신기하거나 재미있게 본 건 뭔가요?"

"스시!" "전철!" "여자!" "남자!" "규동!" "껌! 껌?"

학생들이 저마다 이야기하는데 케냐식 일본어를 쓰는 마야카는 말없이 안절부절못하는 표정을 지었다. 눈치 빠른 내가 말했다.

"아, 케냐는 아무것도 없는 허허벌판이라 '전부'라고 말하고 싶어서 저렇게 안절부절못하는 거야."

"마야카상! 일본에서 무엇이 가장 인상 깊었나요?"

학생들은 저마다 생각을 하며 단어를 나열했다.

"사람." "일." "산."

아무렇게나 떠들고 있었다.

"조용히! 마야카 상이 일본에서 감동한 건 뭐죠?"

마야카가 조용히 말하기 시작했다.

"기린……."

"마야카상의 나라에는 기린이 없나요?"

"있대."

"있대? 남의 나라도 아니고 마야카의 나라잖아요."

"응! 그런데 기린은 처음 봐. 정말 크고 좋았어. 사자도 봤지. 무서워, 정말 무섭지! 그런데 생각보다 크지 않아!"

너무 웃겼다. 아프리카 사람이 기린과 사자를 일본의 우에노 동물원에서 처음 보다니. 상상도 못한 대답이었다. 마야카는 정말 처음 본 동물이 기린이었다. 사자도 펭귄도 물론이다.

아프리카에서 온 사람이라면 가슴이 탁 트이는 광야와 갈증, 동물, 미개한 생활이 일상이 아닐까 상상했는데 마야카는 달랐다. 아프리카가 아니라 전혀 다른 곳에서 온 사람 같았다.

마야카는 항상 특별 대우를 받았다. 소속 팀이 전국 우승을 하는 데 큰 공을 세워 일본 어디를 가든 많은 사람이 그를 알아봤다. 내가 아르바이트를 하던 갈비집도 예외는 아니었다. 고기를 먹어도 다른 사람보다 더 먹을 수 있었고 어디를 가도 같이 사진을 찍자는 사람이 줄을 섰다.

"君!(자네/너)"

마야카는 이름을 외우지 않았다. 무조건 얼굴을 알면 '자네/너'로 불렀다. 이름을 모르는지 외우지 않는지 아예 관심이 없는지 모르겠지만 마야카는 이름을 부르지 않았다. 유일하게 외우고 있는 건 그 사람이 하는 일이었다. 경찰 또는 선생 또는 사장 이런 식으로 기억했다.

"어제 갈비 먹어 갔어. 너 없어."

나를 보면 갈비를 생각해냈다. 나는 갈비인 것이다. 아무리 운동만 하는 외국인 선수여도 어느 정도 예의는 있어야 한다고 생각하지만 마야카에게는 적용이 되지 않았다. 답답하지만 그렇다고 가르칠 수 있는 범위도 아니고 내가 가르칠 수 있는 것도 아니고 해서 그냥 포기했다.

마야카가 내게 마음을 연 건 슈퍼를 같이 갔던 때였다. 우연히 길에서 마야카를 만났다.

"마야카, 어디 가?"

"오, 요즘 고기 못 먹어(마야카식 외우기로, 역시 난 갈비였다). 너 이름 △△지?"

"내 이름 알아? 그런데 왜 갈비, 고기로 불러?"

"옐로우, 화이트 전부 얼굴 같아."

마야카는 자신이 자라온 환경과 많이 다른 일본에 와서 외워야 할 것과 적응해야 할 것이 많았다. 그중 제일은 운동이었고 달리는 것을 목적으로 온 마야카는 거의 기계적으로 운동을 했다. 그에게 사람과의 교류는 그다음의 일이었던 것이다.

그리고 더욱 마야카를 곤란하게 한 건 한국인, 일본인, 중국인의 얼굴이 전부 똑같다는 것이었다. 그래서 너무 알아보기 힘들다는 게 큰 고민이었다. 아무리 봐도 얼굴이 비슷하다고 했다. 일시적이지만 나도 백인, 흑인, 외국인이란 외국인은 그 얼굴이 그 얼굴같이 닮아 있다는 착각을 한 적이 있었다.

마야카는 의외로 기억력이 좋았다. 처음 만났을 때 무슨 색 옷을 입었고 어떤 말을 했고 그날이 몇 월 며칠이었는지를 외우고 있었다.

"야!"

"왜?"

"고기 먹으러 갈래?"

"냄새만 맡아도 지겹다."

"그래, 그럼. 귤 사서 먹지 뭐."

"귤?"

"어, 맛있어."

"네 나라에는 없어?"

또 내 나라만 생각하고 말았다. 마야카는 슈퍼에 가는 도중 여러 이야기를 했다. 처음 본 기린의 기에 눌린 이야기, 일본 대학으로 스카우트가 되어 케냐에 집을 몇 채 사놓았으며, 결혼도 하고 또 그곳에서 자신이 얼마나 유명한지 모를 거라는 둥. 나중에 알고 보니 마야카는 케냐의 박지성이었다.

Sorry Sorry Sorry

"You money ちょっと give me."
give me! give me? ……Sorry.

すみません!
부를 때, 어딘가 찾아갔을 때, 받을 때, 줄 때, 미안할 때 참 많이도 쓰이는 단어다. 그리고 말이다.

동경은 도시다. 많은 사람이 많은 인종이 서로 부대끼며 살아간다. 같은 공기를 마시고 같은 해돋이와 해넘이를 보고 높은 집세에 중압감을 느끼며 살아간다.

많은 인구 밀집도로 복잡하기 이를 데 없는 동경도 예외 없이 러시아워라는 비굴한 단어를 안고 살고 있다. 서로 부딪치기는 예사로 서로 밟히기는 상식, 눈을 붉히며 쳐다보기는 간단하다. 무표정하게 살아간다.

피곤한 날에는 전철이 달리는지 내가 달리는지 모를 정

도다. 눈을 감고 싶다. 코끝에서 나는 습한 지하철 냄새로 목적지를 찾아간다. 거의 눈을 감고 있다. 꽈당.

"뭐야, 이 인간!"

일촉즉발! 상대는 10대 후반의 긴 머리 고등학생이다. 당장이라도 물어뜯을 기세로 노려본다. 그에 맞서 피곤에 지친 내가 손을 들어 대응할 수 있을지 의문이다. 내 초라한 모습을 생각하니 이 순간이 더욱 가관이다.

"아프잖아!"

또 뜯어먹을 기세다. 나 또한 뜯어먹힐 자세다. 많은 생각이 오고 갔다. 맞고 있으면 누가 나를 도와줄까? 지나가는 경찰이 있을까? 같이 화를 내면 몇 대 치고받는 게 아니라 일방적으로 당할 뿐이다. 그게 다가 아니라 창피하기까지 하다.

청소년에게 설교하다 얻어맞은 뉴스에 나오는 흔한 이야기가 될 뿐이다. 무용담이 될 수가 없다. 아마도 내일 신문에 유학생 폭행으로 녀석들은 사회면을 장식하겠지? 아니면 나는 외국인이라는 이유로 피해자가 아닌 가해자가 되어 있겠지. 번호가 새겨진 번호판을 들고 앞, 옆, 전체 사진을 찍고 강제송환이다. 오만 수천 생각이 들었다. 어떡하면 이 정신이 바짝 드는 상황을 벗어날 수 있을까.

"I am so sorry!"

"응? 뭐야, 이 녀석. 외국인이야?"

"So sorry really." 지극히 한국적인 영어.

"야, 미노루. 이 녀석 외국인이잖아. 그냥 가자."

"Sorry I am late?"

말도 안 되는 영어를 쓰기 시작했다. 고등학생들의 행동이 한풀 죽어 두 풀까지도 죽어갔다. 더욱 외국인 흉내에 열을 올렸다. 제스처까지 더해.

"너, 조심해."

"Sorry."

상황 종료다. 스쳐지나간 상상으로는 싸움에 휘말려 강제송환까지 당할 뻔한 아찔한 상황이 끝났다. 외국인 행세. 외국인임에도 외국인 행세를 해야 하는 상황이 우스웠다. 왜 영어로 대답하고 사과했을까? 왜 배운 일본어로 사과를 못하고 하지도 못하는 영어로 이야기한 걸까.

かつあげ. 속칭, 뻥 뜯기다. 행위자는 10대 청소년을 주축으로, 피해자는 동년배나 가해자보다 어린 세대를 뜻한다. 일본어의 음어적인 표현으로 주로 사용한다.

일본의 국립대학의 축제는 대부분 11월 첫째 주에 2박 3일 일정으로 진행된다. 한국의 축제와 다른 점은 학술제를 겸해서 외부 인사가 많이 초청된다는 것이다. 그리고 그 대학의 유학생들이 만들어내는 여러 나라의 토속 음식을 맛볼 수 있다. 크게 생각하면 민간 외교관으로서 나라를 빛낼 구실도 있고, 사리사욕을 따지며 애초부터 국적

불문 요리를 만들어내는 유학생들도 있다.

11월은 가을이다. 한국에서의 11월과는 조금 다른 춥지 않은 쌀쌀한 정도의 날씨다. 나는 그날 11월 첫째 주에 시작하는 축제(한국관, 부침개) 참가를 위해 아침 일찍 집을 나와 학교를 향하고 있었다. 민간 외교 등을 운운하는 한편 잘 팔아서 남겨 생계에 보태려고 했다. 그 아우라가 주변에 보였는지 백화점 길모퉁이를 돌아가는 도중 중학생을 조금 넘겼을 나이의 집단과 마주쳤다. 동물적인 감으로 바로 알아차렸다.

위험하다. 뛰자, 빨리 뛰자, 그럼 되지 않을까? 난 발이 빠른데 빨리 뛰면 못 쫓아오겠지? 마음속으로 이런 생각을 하며 머리는 벼락을 맞은 것처럼 빨리 돌아가는데, 현실은 천천히 아주 천천히 흘러갔다. 슬로우 비디오처럼.

"야, 기다려."

아이들 가운데 한 명이 뒤에서 뛰어오는 소리가 들렸다. 최악이다. 집단 중에 제일 야무지게 생긴 아이가 내 앞을 가로막고 번쩍이는 물건 하나를 들이댔다.

응? 내가 뭘 흘렸나? 순간 최고의 반전 드라마이자 따뜻한 이야기가 완성되는 듯했다. 사람은 역시 외관으로 판단하면 안 돼!

자세히 보니 아이는 작고 예쁜 칼을 손에 쥐고 있었다. 순간 정신이 번쩍 들었다. 작고 예쁜 칼이라 더 억울했다.

"돈 있지? 내놔!"

"What?"

영어다! 그래, 영어! 아이가 흠칫 놀랐다.

"돈 말이야, 돈!"

"Oh I don't know Japanese……(어쩌고저쩌고)."

"외국인이잖아!"

아이들은 포기하는 듯한 분위기였다. 뒤에 대기하고 있던 아이들이 칼을 든 아이를 향해 소리쳤다. 그만두고 돌아오라는 둥 그냥 보내라는 둥. 거의 나의 승리였다. 그래, 조금만 더 버티자!

"기다려!" 조그만 아이 하나가 외쳤다.

"You money ちょっと(조금) give me."

give me! 아이가 자신 있게 외쳤다. 웃겼다. 웃겨 죽을 것 같았다. 작고 예쁜 칼의 두려움은 온데간데없이 사라지고 입꼬리가 슬슬 포물선을 그렸다. 웃겼다. 웃겨서 목젖 뒤에서 웃음이란 놈이 딱딱한 뭔가로 변할 것 같았다.

"Money? What are you think about it?"

아랑곳하지 않고 영어를 했다. 고등학교 때 외운, 못하면 두들겨 맞고 겨우 외운 'Dialogue'까지 끄집어냈다.

"Do you have any person that you respect?"

존경하는 사람이 있느냐니. 황당하기 이를 데 없는 상황이었다. 삥 뜯는 아이들에게 물어본 말이다. 물론 영어

밖에 모르는 외국인 흉내를 내면서 말이다. 아이들은 순간 어찌할지 모르는 듯 웅성거렸다. 열다섯 명 정도의 아이들에게 주목받고 있었다. 낯간지럽고 쑥스럽고 웃음이 나와 죽을 것 같았다. 억지로 여유롭게 보이려고 그려낸 온유함과 조금 아까 웃지 못한 웃음이 목젖을 잡고 난리를 쳤다.

아이들이 보고 있었다. 외국인이고 일본어를 알아듣지 못하는 불쌍한 외국인에게 판결을 내리려 하고 있었다.

"行け! go! 가!"

마지막까지 정신을 차려야 했다. 처음에 말한 行け는 '가다'의 명령어인가! 순간 긴장이 풀렸다. 또 안도의 웃음이 난리를 쳤다. 그렇지만 마지막까지! 요기만 넘기면 된다. 요기만!

"Go Go!"

비로소 움직였다. 완벽했다! 아이들에게 세련된 멋진 인사를 건네고 바쁘게 바쁘게 그 자리를 떠났다.

"Bye bye!"

한국으로 돌아올 때까지 그 백화점은 두 번 다시 가지 않았다. 지금도 그쪽은 가지 않는다. 질퍽한 내 예능 혼이 아직 그곳에서 연기 중인 것 같아 가고 싶지 않다. 🔒

스리랑카는 섬나라?

스리랑카 너무 좋아.
놀러와. 코끼리 태워줄게.

오리지널 밀크티를 처음 맛보게 해줬고, 홍차와 녹차가 같은 이파리로 만들어진다고 가르쳐주었다.

  스리랑카는 영국의 식민지였으며 한국의 포니가 아직도 달리고 있고 섬나라이며 정부군과 반군이 정글 속에서 티격태격하고 있다고 했다. 실론은 스리랑카의 옛 이름이라고 했다. 그리고 자기 집 마당에 야자수가 있다고 했다. 토끼집이네 닭집이네 하는 좁아터진 일본에서의 생활과 비교하면 고타베야의 집은 궁궐과 다름없었다. 단순한 질문을 해 봤다.

"고타베야, 야자 좋아하니?"
"아니."

조금의 망설임 없이 대답했다. 그런데 아까부터 계속 반말을 했다. 고타베야는 같이 살고 있는 불법 룸메이트가 속을 썩인다고 했다. 자꾸 밥을 할 때 닭다리를 올린단다. 밥에서 닭 비린내가 나서 먹지 못하겠단다. 도저히 비위에 안 맞는다고 앙앙댔다. 며칠 전에 내게도 먹어보라고 했지만 나 역시 먹지 못했다. 닭 껍질조차 잘 안 먹는 내게 닭고기 밥은 고역이었다. 어찌해야 할지 몰라 소화불량이라고 둘러대고 위기를 모면했다. 알고 있다. 그 맛은 가히 상상을 초월한다는 걸. 자동차를 좋아하는 고타베야는 일본에서 열심히 살고 싶어 하지만 닭을 넣어 지은 밥은 먹을 수 없다. 음, 충분히 알고도 남는다. 그래서 고타베야는 내 방에 와서 밥을 먹었다. 나 먹을 밥도 없는데. 그럼, 내 밥은?

억양이 센 영어로 내게 질문했다. 흔한 단어조차 생소한데 센 억양이 가미된 영어는 다른 언어로 들렸다. 고역이다. 다시 한번 묻는다. 이번에는 일본어로 말한다. 반말로! 도대체 레벨 테스트를 치른 수준이 아니다. 역시 시험지로는 언어 실력을 가늠할 수 없다고 가볍게 단정했다.

"선배, 한국에서 공부하지 왜 왔니?"

또 반말! 내가 고타베야 너에게 사실을 이야기할까? 일본에 와서 바뀐 고민과 미래상을 뜨겁게 이야기할까? 내 10년 후 모습을 이곳에서의 경험에 비춰 말해야 하나? 그래 봤자 질문이 꼬리를 물고 이어질 테고 고타베야의 체류 시간과 비례해 내 밥과 반찬이 줄어들 것이다.

"이 반찬 최고!"

세 번째 듣는 말이었다. 그러면서 계속 불평을 했다.

"왜 자꾸 치킨 다리 쌀에 올려?"

반말은 언제 고칠까. 친구를 해라, 친구를!

"냄새나. 못 먹어."

오호, 그래? 좋은 수가 났다. 나는 고타베야의 룸메이트를 잘 알고 있었다. 내 말 한마디에 녀석 둘이 갈라질 수도 있었다. 잠시 사악한 생각이 들었지만 전부 헛일이었다. 최대한 부드럽게 말해야 했다. 둘의 공통점을 이용해야 했다. 가장 절실한, 지금 소중한 걸 건드려야 했다.

"봐, 네 마누라(룸메이트)는 너한테 요리 안 시키잖아? 자기 나름대로 한 번에 끝내려고 하는 게 아닐까? 전기세 아껴야 하잖아."

"음……."

정확히 핀포인트 공격률 100퍼센트였다. 고타베야는 상당히 수긍하고 납득했다. 아무 말이 없었다. 그는 지금 불평할 처지가 아니었다. 가슴으로 느낄 수 있는 가장 중요한 '절약'이 달린 문제이니.

곧이어 화제가 다른 곳으로 흘러가고 자연스레 내가 설거지를 했다. 주인 된 도리, 밥 차린 대가가 설거지다.

고타베야는 스리랑카에서도 꽤 산다는 집안의 아이였다. 자가용을 가지고 있다니 지방 유지 또는 상당한 권력을 갖춘 것이고 고타베야도 부정하지 않았다. 그렇지만 이건 순전히 고타베야에 의한 사실이었다. 아무튼 그런 집안의 아이가 일본에 와서 보니 살인적인 물가와 본국과의 많은 차이에 여러모로 혼란스럽고 동시에 즐겁다고 했다.

학교를 오가는 길에 보는 일본제 자동차는 고타베야의 쇼룸이었다. 매일 차종을 말하며 내게 타봤는지 물었다.

"저 차는 얼마일까? 선배는 어떤 차가 좋아?

고타베야는 자동차를 좋아해 정비 기술을 배우고 싶어 했다. 일본에 오기 전부터 자동차 수리사가 되려는 목표를 세우고 전문학교 진학을 계획하고 있었다. 고타베야는 여리고 착실했다. 스펀지가 물을 빨아들이듯 일본의 문화와 습관 그리고 나의 반찬과 쌀을 빨아들였다.

"선배! 네 나라에 교통사고 있니?"
"어, 밥 없어! (응? 질문이 다르네?) 또, 반말! 있어, 왜?"
"스리랑카도 많아."
"너희 차가 그렇게 많이 없다면서?"
"그래도 Some time 있어."
"그래? 교통사고 사망률 높니? 아니, 많이 죽니? 사람!"
"아니, 사람 별로 안 죽어. 차가 많이 찌그러져."

도대체 종잡을 수 없었다. 차가 오래된 거라 부식? 조그만 접촉에도 많이 찌그러지나?

"코끼리가 바로 안 비키고 차를 찌그러뜨려."

고타베야의 대답에 보기 좋게 당했다. 내 상식으로는 자동차와 코끼리는 사고가 날 수 없었다. 스리랑카에 코끼리가 있는 것도 처음 알았지만 차와 접촉 사고를 일으킨다는 건 태어나서 처음 듣는 사건 사고였다.

일본어 학교에서는 고타베야를 시작으로 언제부턴가 스리랑카 유학생이 30명 이상 되었다. 4월에 입학한 학생은 30여 명이었지만 여름방학이 지난 뒤에는 고타베야와 사만티카 둘만 남았다. 유학은 명분이고 취업을 위해 다른 지방으로 야반도주한 것이다. 연락을 하는 건 물론이고 돌아오라고 설득할 수도 없었다. 일본의 엔과 워낙 차이 나는 스리랑카로서의 선택은 취업이었다. 그렇지만 고타베야와 사만티카는 학교에 남았다.

"선배 밥 있지?" 또 반복.

"넌 존댓말 안 배우니? 내가 네 친구냐?"

"배웠는데 선배는 친구 같아서 난 안 쓰기로 했어."

알뜰하게 구두쇠 짓하면서 성실하게 공부한 고타베야는 자동차 전문학교에 무사히 진학했다.

"스리랑카 너무 좋아. 놀러와. 코끼리 태워줄게."

"알았다. 내가 간다, 기다려라."

사만티카

사만티카와 나는 멍하니 있었다. 외국인임을
절절히 느끼고 말았다. 억울해서 눈물이 날 것 같았다.

일본어 학교 통역을 대부분 혼자 하다 보니 계절학기 유학생들의 각 나라별 분포는 거의 알고 있었다. 그중 유독 눈에 들어오는 아이가 한 명 있었다. 사만티카, 눈이 많이 나쁜 여자아이로 가는 목소리를 가지고 있었다. 스리랑카의 상당한 유지의 딸이라 '향토 장학금'인 듯한 송금을 받아 생활한다는 소문이 돌았다. 좁은 학교 내 이야기이고 또 좁은 유학생 사이라 금세 소문이 퍼졌다. 그렇지만 학비를 받는다 해도 일본의 살인적인 물가를 이기기에는 스리랑카의 환율이 형편없기에 생활하려면 아르바이트를 해야 하고 또 하기를 원했다. 사만티카도 아르바이트를 시작했다.

사만티카는 시 외곽에 있는 빵공장에서 햄 굽는 일을 했다. 매일 더위와 싸워야 하는 고된 작업이다. 끝없이 떨어지는 땀과 햄 굽는 연기, 작업반장의 잔소리와 외국인 차별 대우까지 겪어야 했다.

내 일이 아닌지라 그저 옆에서 걱정이나 하는 처지였지만 사만티카가 분명 작업반장의 성격을 견디지 못할 거라고 생각했다. 지독한 나조차 참지 못하고 가벼운 먹살잡이 끝에 그만두고 만 곳이었다. 며칠 후, 슈퍼에 찬거리를 사러가는 중에 사만티카를 만났다.

"오랜만이야. 어디 가니?"

"슈퍼……."

사만티카는 말끝을 흐리는 버릇이 있었다.

"그래? 같이 가자."

"네……."

5시 이후 세일 상품을 살 목적으로 가는 길이었다. 신선한 제품을 타임 세일하는 기회를 노린 것이다. 따로 흩어져 각자 물건을 사고 값을 계산하고 나가려는데 진열대 저쪽에서 소란스런 소리가 들려왔다.

"가방을 보여주세요. 그럼 보내줄 테니까."

일본인 여자 점원이 사만티카를 붙들고 있었다.

"뭔가요?"

"아는 사람인가요?"

"그렇습니다만."
"자, 그럼 같이 사무실까지 가실까요?"
"뭐죠? 도대체 이유가 뭡니까?"
"이 아이가 아까부터 눈치를 보면서 진열대 앞을 왔다 갔다 하다가 조금 아까 가방에 뭔가 넣었어요."

당황스러웠다. 착하고 여린 사만티카이지만 슈퍼에 쌓인 수많은 물건에 혹해 뭔가를 훔쳤을지도 모른다는 생각이 들었다. 두렵고 한편으로는 실망을 했다. 자리에 서서 몸을 떨고 있던 사만티카는 나와 눈이 마주치자 고개를 가로저었다. 아, 이건 아니다!

사만티카와 함께 슈퍼에 마련된 사무실로 이동했다. 50대쯤 되어 보이는 남자 직원이 우리에게 다가왔다. 방금 전 사만티카를 붙잡은 점원이 남자에게 상황을 설명했다.

나는 작은 소리로 사만티카에게 물었다.

"했니?"
"아니요……."

가느다란 목소리였지만 '아니요'라는 한마디에 힘이 들어 있었다. 좀 전의 실망스러웠던 기분과 달리 뭔가 잘못되고 있다는 생각이 들었다.

"저, 이 아이는 일본어 학교에서 공부하는 유학생입니다. 보호자는 없습니다만 담당 선생님을 불러도 될까요?"

50대 남자는 전에도 이런 일이 있었다는 듯 전화하라는

시늉을 하며 "당신은 어느 나라?"라고 물었다. 가뜩이나 기분이 나쁜데 기름을 부으려고 했다.

토요시마 선생에게 전화를 걸었다. 일본어 학교에서 유학생들의 입장을 가장 잘 대변해주는 선생이었다. 그녀는 내 말이 채 끝나기도 전에 바로 오겠다며 전화를 끊었다.

"이야기를 들으니 저 아이가 가방에 뭔가 넣은 것 같습니다. 가방을 열어서 물건이 나오면 값을 지불하고 반성문 몇 장 쓰면 끝나지만 경찰을 부르면 일이 커집니다."

남자는 아무런 감정도 싣지 않고 담담히 말했다. 자주 겪는 일이니 당신들도 매뉴얼대로 움직이면 좋겠다는 식의 이야기였다. 얼마나 많은 사람이 이 남자 앞에서 반성문을 쓴 걸까? 경찰이라는 말에 덜컥 겁이 났다.

사만티카는 태어나자마자 천식을 앓았다. 일본에서 유일하게 사치하는 물건도 흡입식 천식약이었다. 그 약은 값이 비쌌다. 혹하는 마음에 천식약을 가방에 넣었을지도 모른다는 불안한 마음이 요동쳤다. 사만티카는 일본어를 잘하지 못했지만 분위기를 보고 눈치를 챈 듯했다.

"어떻게 하겠습니까? 가방을 열어볼까요 아니면 경찰을 부를까요?"

남자가 기세 좋게 밀어붙였다. 당장이라도 남자에게 머리를 조아리고 빌어야 할 것 같은 상황이었다. 사만티카는 착한 아이였지만 사람의 욕심은 끝이 없고, 순간순간 마음이 바뀌기에 이 상황에서 정말 어떻게 해야 할지 몰랐다. "그래, 보자고! 만약에 없으면 어떻게 할 거냐!" 하고 자신 있게 말하지 못했다.

용기를 내서 이야기를 꺼냈다.

"선생님이 곧 오니까 그때까지 기다려주시죠. 증인이 있어야 하니까요."

"음, 금방 온다……. 알겠습니다."

사만티카는 울고 있었다. 소리는 안 났지만 떨고 있었다. 사무실 저쪽에서 남자가 사만티카를 잡은 점원에게 다시 한번 상황을 확인했다.

"확실해요. 넣었다니까요!"

사만티카의 도수 높은 안경이 뿌옇게 흐려졌다.

"실례합니다. 전화를 받고 왔습니다만……."

토요시마 선생이 왔다. 그녀는 50대 남자에게 자기소개를 하고 우리에게 와서 자초지종을 물었다.

"사만티카, 괜찮아. 솔직히 이야기해줘. 물건을 넣었니?"

두 사람은 영어로 대화를 하기 시작했다. 사만티카도 토요시마 선생도 영어를 잘했다. 그 모습을 보던 50대 남자가 불안했는지 짜증을 섞어 말했다.

"이제 가방 열어봐도 되나요?"

토요시마 선생이 반사적으로 되물었다.

"만약 가방에 물건이 없으면 어떻게 하실 거죠? 당신들

실수라면 가만있지 않겠어요!"

점원과 남자가 서로 마주 보며 눈치를 살폈다.

"문제가 없다면 적절한 보상을 요구하겠습니다."

"아, 그건 열어보고 이야기합시다."

"약속하세요!"

남자가 신경질적으로 사만티카의 가방을 들어 안에 든 물건을 빈 책상 위에 쏟아놓았다.

"응? 이거……."

점원의 얼굴이 사색이 되었다. 사만티카의 가방 안에는 슈퍼의 것으로 보이는 물건이 없었다.

"저 남자도 조사해요. 물건을 넘겼을 수도 있어요."

사만티카는 확실히 잘못이 없었다. 물론 나도 잘못이 없었다. 화가 났다. 눈물을 흘리며 떨고 있는 사만티카를 보며 나의 분함을 한번에 쏟아내 악다구니를 쳤다.

"이것들이 말이면 다인 줄 아네!"

"진정해요. 잠깐, 그럼 여기에서도 물건이 안 나오면 당신들 온전치 못할 줄 알아요. 영수증 가지고 있죠?"

"네."

"그럼, 열어볼래요?"

주저 없이 가방을 열고 주머니까지 뒤집어 보여주었다.

"바지까지 벗어볼까요?"

왠지 든든한 생각이 들었다. 이상한 느낌이었다. 토요시마 선생은 그 조그만 체구 어디에서 나오는지 믿기 어려운 큰 목소리로 점원과 남자에게 윽박을 질렀다. 두 사람은 사색이 되어 계속 미안하다는 말만 되풀이했다. 잠시 후, 슈퍼의 점장이 들어왔다. 그는 점원과 남자와는 사뭇 다른 태도로 이야기했다.

"죄송합니다. 요즘 도난 사건이 많아서요."

"그럼 아무나 의심해도 되는 건가요? 피부색이 다르다는 이유로 행동을 유심히 본 것 같은데 외국인이 전부 범죄자는 아니거든요!"

"죄송합니다. 이 일을 어떻게 처리해야 할까요?"

사만티카와 나는 멍하니 앉아 있었다. 외국인임을 절절히 느끼고 말았다. 억울해서 눈물이 날 것 같았다. 참았다. 억울하고 분했지만 또 참았다. 토요시마 선생은 점장과 1시간여 이야기를 나누고 우리를 데리고 나와 음식점으로 갔다. 아무 조치 없이 슈퍼를 나온 것이 의아했다.

"먹고 싶은 거 마음대로 먹어요."

먹을 수가 없었다. 그런데도 토요시마 선생은 자꾸 먹으라고 했다. 나중에 알았지만 선생의 스트레스 해소법은 뭔가를 먹는 거였다.

사만티카는 슈퍼 진열대 앞에서 흡입식 천식약을 입에 분사하고 사람들이 자꾸 쳐다보자 눈치를 보며 얼른 약을 가방에 넣었는데 그 모습을 보고 점원이 물건을 훔쳤다고 오해한 것이었다.

"오해?"

토요시마 선생은 솔직히 이야기했다. 사만티카의 피부색이 그런 착각을 불러일으켰다고. 지금 한국도 그렇지 않은가. 어쩔 수 없는 피부색의 갈등과 차별, 색안경 등.

"그렇지만 좋은 소식이 있어요! 사만티카가 원한다면 슈퍼에서 일하게 해주고, 앞으로 우리 학교 학생만 아르바이트로 써준다고 약속받았어요."

기대 이상의 성과였다. 그리고 우리들 손에는 2만 엔 상당의 상품권이 들려 있었다. 그 후, 사만티카는 그 슈퍼에서 즐겁게 일하며 놀라울 정도로 언어가 늘어갔다.

홍콩인 패트릭

()#$%^&*()#$%^& 바보!
**(((*(*()????^&* 전기세!
((*&*)(*&*^!@#$%^ 많이 써!

"선배 얼마? 이건? 요건?"

패트릭이 내게 처음 한 말이다.

"선배 살면서 얼마나 썼어? 얼마나 살았어? 아, 그렇게 오래? 선배네 부자인가 보네?"

얘도 반말을 한다. 패트릭은 고타베야의 불법 동거인이다. 기숙사는 1인 1실인데 이들은 2인 1실로 불법점거를 하고 있었다.

어학교에 통역을 하러 갔다가 패트릭을 처음 만났다. 그는 홍콩인 유학생들 틈에 끼어 있었다. 친근감 있게 묘한 웃음을 흘리며 다가와 인사를 건넸다. 일본어를 배운 것 같기는 한데 이상하게 엉성했다.

"당신 일본어 잘하네. 자네 일본인? 자네처럼 일본어 하고 싶어. 모쪼록 잘 부탁하옵니다!"

엉망이었다. 패트릭의 친화력은 중국인 특유의 뻣뻣함과는 달랐다. 얼핏 보면 커밍아웃한 중국의 시골 청년 같은 느낌의 홍콩인이었다. 그리고 고타베야가 그렇게 싫어하는, 밥에 닭다리 올리기 선수였다.

패트릭은 한 번에 끝내는 걸 좋아했다. 일본어도 일본에 오기 전에 원어민 강사에게 한 번에 배웠다고 했다. 그리고 밥도 한 번에 하는 걸 좋아했다.

패트릭하고 이야기하는 게 좋았다. 중국 이야기, 엄청난 부를 자랑하는 중국 부자 이야기, 명품 이야기, 듣도 보도 못한 명품의 지식을 패트릭이 가르쳐주었다. 심지어 짝퉁 구별법까지도.

패트릭은 중국의 한의학이 머지않아 서양의 양의학을 누르고 세계에 우뚝 설 날이 올 거라고 자주 이야기했다. 그때마다 나는 패트릭의 머리에 손가락질을 해댔다. 그는 20대 초반의 나이임에도 마치 50대 초반의 아저씨처럼 머리숱이 적었다. 패트릭은 그걸 극도로 싫어했다. 머리에 얼마나 많은 돈을 쏟아붓는지 이루 말할 수 없었고, 중국 본토에서 약을 사와 온갖 서비스를 받았다는 머리가 그 모양이었다. 그러면서 중국 의학은 효과가 더딘 게 단점이라고 했다. 그런 모습을 보면 조금 불쌍했지만 상당히 교묘하게 머리를 손질하고 다니는 걸 보면 그만의 고민은 어디 갔나 싶을 정도로 밝은 성격이었다.

똑똑. 반드시 밥때가 되면 찾아오는 고타베야가 방문을 두드렸다. 텔레비전 소리를 줄이고 움직이지 않고 가만히 앉아 없는 척을 했다.

5분째 똑똑.

"선배 있어? 거기 있는 거 알아. 문 열어, Open!"

반말. 시끄러워 견딜 수가 없다. 딸깍.

"왜!"

"선배 쓰러졌나 보러왔어. 소중한 선배인데 요즘 얼굴색이 안 좋아."

어제와 같은 말. 매번 이런 식이었다. 그런데 평소와 달리 조금 이상했다. 들어오자마자 한숨을 쉬고, 침대에 걸터앉아 한 가지 표정으로 일관했다. 처음 보는 행동이었다. 분명 이상했지만 이유는 묻지 않았다.

"나 패트릭이랑 싸웠다. 나, 싫어. 여기서 살래."

아, 아니다. 이건 아니다. 가만있을 수 없었다. 바로 대응을 해야 했다. 진짜 고타베야와 내 방에서 함께 살게 될지도 몰랐다. 갑자기 겁이 나기 시작했다. 밥때 찾아오는 것도 싫은데, 같이 살아? 절대 안 되는 일이었다.

고타베야에게 가만히 낮은 목소리로 이유를 물으니 역시 밥 때문이었다. 그리고 돈. 구두쇠가 구두쇠보고 뭐라고 하고 있었다. 아무래도 감정이 많이 상한 듯했다.

두 사람의 생활은 상상을 초월하는 절약이었다. 전기세, 수도세, 방세는 물론 세금과 그밖에 처리해야 할 비용을 정확히 2분의 1로 나누어 냈다. 모든 걸 반으로 내는데도 그 둘은 먹고 싶은 식사조차 할 수 없었다.

그대로 두고 볼 수 없어 패트릭을 불러 두 사람의 입장을 들어보기로 했다. 그들 사이에는 공통의 언어가 있었다. 일본어도 아니고 영어도 아닌 정말 잘 통하는 생뚱맞은 다른 나라의 언어였다.

둘 다 격앙된 상태였다. 패트릭은 고타베야가 쏨쏨이가 헤프고, 전기를 많이 쓴다고 지적했다. 고타베야는 듣기 싫다는 듯 자리를 박차고 일어섰다. 그 순간 나는 죽도록 참고 있던 웃음을 터트리고 말았다.

"#$%^&*()#$%^&*()#$%^& 바보! $%^&*()'&&**(*()????^&* 전기세! ^&*(*&*)(*&*\@#$%^&*(많이 써!"

"에잇, 더 이상 못 참아!"

고타베야가 벌떡 일어나 밖으로 나가려고 했다.

"Sit down 해주세요."

최고의 개그였다! 마음이 급해진 패트릭이 영어와 일본어를 동시에 구사했다. 평소에는 반말만 쓰는 녀석들이 다급해지니 배웠던 ください(주세요)를 생각해냈나 보다. 나의 웃음에 자기들도 웃긴지 같이 웃어버렸다.

패트릭은 숱 없는 머리를 쓸어올리며 고타베야를 향해 다시 소리쳤다.

"고타베야, 너 선배 아니었으면 다이야 다이!"

듣고 있자니 너무 웃겼다. 'Sit down 해주세요'라니! 웃었다. 한도 끝도 없이 웃었다.

그날 이후, 패트릭은 닭고기를 밥에 넣지 않고 따로 조리하기 시작했고 고타베야는 내 방문을 두드리는 날이 줄어들었다. 패트릭의 닭고기 밥은 아마 여전히 최악일 것이지만 그들의 순수하고 재미있고 티격태격하는 동거는 순조롭게 이어졌다. 🔒

()#$%^&*()#$%& 바보!
**(((*(*()????^&* 전기세!
((*&*)(*&*^!@#$%^ 많이 써!

에잇, 더 이상 못 참아!

Sit down 해주세요.

CP Fall in Love

50cc 오토바이, 단정하게 빗은 머리,
파친코 제복, 풀페이스 헬멧……CP.

파친코, 빵공장, 파친코……. 이 친구의 일본 생활은 이렇게 끝난 것 같다. CP는 내가 아무것도 없이 일본에 갔을 때 흔쾌히 묵을 방을 내주고 방세를 제외한 나머지 광열비, 세금 등을 부담해준 친구이자 어떻게 살아야 하는지 몸소 보여준 한국인이다. 그는 상당히 독한 사람이었다.

일본의 겨울은 상당히 춥다. 마음이 추워서 그랬는지 모른다. 수은주의 온도보다 더욱 춥게 느껴진다. 온돌인 한국과는 달리 집에 들어가도 온기 하나 없다.

아파트 문을 열 때마다 훅 들어오는 일본 특유의 냄새에 '이곳은 한국이 아니구나.' 하고 다시 한번 느끼곤 했다. 삐걱거리는 마루, 불기 없는 어두운 방 안을 가로질러

내 방으로 가면 발끝으로 전해지는 싸한 추위에 진저리가 났다. 가만히 한기를 느낄 여유 없이 빨리 움직여 옷을 갈아입고 빠져나가는 체온을 유지해야 했다.

이불 위에 코타츠를 놓고 손과 얼굴을 마찰시켜 온기를 조금씩 불러모아도 춥기는 매한가지였다. 사전을 펴고 책에 집중해 보지만 졸음과 추위가 밀려들고, 배가 고파 허겁지겁 먹은 밥이 소화가 안 되는 것 같았다. 눈을 반쯤 들어올려 집중을 하려는데 어디서 물 끼얹는 소리가 들렸다. 분명 아무도 없는데 무슨 소리지? 집에 들어올 때 틀림없이 방 안이 캄캄했는데.

물소리가 점점 커지고 간혹 가느다란 신음도 들려왔다. 무서웠다. 그때 목욕탕 미닫이문이 열리고 하얀 김에 둘러싸인 CP가 나왔다.

"목욕했어?"

"……몸이 별로 안 좋은거 같아서. 너도 해라, 좋다."

"어? 그래. 나도 할까, 그럼? 물 좀 받아놓지."

"받아놓긴 뭘 받아놔! 나오는 걸로 하면 되지."

"차, 찬물로?"

그랬다. CP는 추운 겨울에 냉수로 목욕을 하고 이가 아프다고 펜치로 치아를 뽑았다. 이렇게 들으면 실감이 안 나겠지만 그만큼 CP는 독하게 살았다. 그런데 그런 CP가 사랑에 빠져버렸다.

CP는 한국의 남쪽 지방에서 태어나고 자랐다. 많은 형제 틈에서 천덕꾸러기였다고 했다. 특출 나지 못한 형제 중 하나로 군대를 제대하고 그냥저냥 살아가다 보석 가공에 발을 들여 좀 더 공부해 보겠다고 일본으로 건너와 보석전문학교를 다니기 시작했고 자기 손으로 학비며 생활비를 벌어야 하는 생활인으로 독하게 살았다.

사랑은 좋은 건가 보다. 사람을 바꾸어 놓았으니. 지독하게 살아온 CP가 다른 사람에게 양보할 줄 알게 하고, 부드러운 말을 쓰게 하고, 긍정적인 생각을 가지게 했다. 파친코 제복과 트레이닝복과 축구화가 전부인 CP가 옷에 관심을 가지게 했고, 50cc 오토바이를 타고 다니게 했고, 어느 바자회에서 싸게 사온 어느 록커나 입을 법한 가죽 점퍼를 외출용과 방한용 잠옷으로 입게 했다. 이러한 CP의 변화는 나 외의 사람들에게도 큰 반향을 불러일으켰다. 그렇지만 그의 패션은 여지없이 균형이 깨져 있었다.

"야, 오늘 그 사람이 밥 먹자는데 어떻게 할까?"
"정말? 정말로 정말? 그 여자가 먼저 밥 먹자고 했어?"
"아, 그렇다니까! 어디 가냐, 내 인기?"

CP는 여러 가지 경우의 수를 나열해갔다. 이럴 때는 이렇게, 저럴 때는 자기랑 눈이 마주쳤다는 등 연초에는 이런 걸 받았다는 등 그런 이야기. 수도 없이 귀가 외울 정도로 들은 이야기다. 한 100번은 들은 것 같다.

'상대는 연상이다!'

새로운 정보다. CP의 입에서 연상 예찬론이 쏟아져나왔다. 옛날부터 연상이 좋았다느니, 연상이 자기를 편하게 해준다느니, 같이 벌면 행복하게 살 수 있을 거라며 이미 상상 속에서 그녀와 결혼해 아이까지 낳아 살고 있었다.

그쯤 나도 사랑에 빠져 있었다. 백화점 1층 화장품 매장에는 늘 좋은 향기가 넘쳐났다. 쇼핑할 여유는 없고 눈요기를 하며 향기를 즐기는데, 한 매장의 여직원이 유독 나를 보고 웃음을 지었다. '손님에 대한 예의겠지.' 하고 대수롭지 않게 넘겼는데 어느 날, 그녀가 말을 걸었다.

"필요한 게 있으면 언제든 말해주세요."

사랑이다! 밝은 얼굴, 바른 자세, 목소리까지 완벽한 사랑이다! 한 번도 받아보지 못한 친절이다. 사람은 누구나 이러한 친절에 사랑에 빠지거나 과잉이라는 두 가지 반응을 나타내는데 나는 사랑이었고 CP 또한 사랑이었다. 우리 두 사람은 큰 착각을 하고 있었다. 병아리가 알을 깨고 나와 처음 본 것에 모정을 느낀다고 하는데 나와 CP는 처음 받아본 친절과 관심에 사랑에 빠져버렸다.

그녀와 만나기로 디데이를 정한 CP는 딱 한 벌밖에 없는 입학식용 정장을 입고 약속 장소로 향했다. 그때까지 CP는 그 식사가 그녀와의 처음이자 마지막인 줄 모르고 있었다.

문소리가 났다. 시간은 이른 새벽을 가리키고 있었다. 더 이상의 소리는 들리지 않았다. 아침에 일어나 화장실에 앉아 있는데 화장지가 없다! 정신이 화들짝 들어 CP에게 도움을 요청했다.

"CP, 화장지 좀 줄래?" 쾅!

응? 문소리? 이런 상황에 처해 있는 나를 두고 CP는 자기 갈 길을 가버렸다. 어찌해야 할지 몰랐다. 아니 어떻게 내가 도움을 청하는데 저렇게 나갈 수 있을까 고민했다. 그런데 저만치 화장지의 심이 보였다…….

이후 CP의 횡포는 나날이 심해졌다. 집에 불을 전부 꺼놔서 나는 어둠을 헤치고 CP의 방을 지나 내 방으로 가야 했고, 배가 고파 뭘 먹으려고 하면 '아껴 먹으라'고 소리를 질러 서러웠다. 밥을 먹고 싶은데 못 먹는 서러움을 누구보다 잘 알고 있는 CP가 내게 그런 말을 했다.

CP는 일본어 학교 재학 시절에 자신을 잘 돌보아주던 선생님을 사랑했다. 그 선생님은 CP에게 그를 측은하고 외롭고 열심히 사는 외국인 학생으로 본 것이지 남자로 본 적은 없다고 말했다. 진정 다른 사람으로 바뀔 수 있던 사랑인데 그 사랑이 깨졌다. 그런 CP의 마음이 이해가 가기는 하지만 그래도 화장지는 주고 나갔어야 했다.

화장지 사건을 계기로 나는 독립을 했고, CP는 아르바이트를 하며 50cc 오토바이에 풀페이스 헬멧, 가죽잠바,

파친코 제복으로만 전문학교를 졸업하고 곧 귀국했다.

참 지독하게 산 친구다. 먹고 싶은 것, 하고 싶은 것 전부 억누른 채 공부를 했으니. 그런 CP를 보며 상당히 많은 부분을 배우고 얻었다. 먹을 수 있을 때 먹고, 할 수 있을 때 하고, 쉴 수 있을 때 공부해야 한다는 점을.

CP는 지금도 그때의 좋았던 아련한 사랑을 느끼고 있을지 모른다. 그때의 흔적을 찾아다닐지도 모른다. 씽씽 달리는 50cc 오토바이를 보면 단정하게 빗은 머리, 파친코 제복, 풀페이스 헬멧을 착용한 CP가 떠오른다.

토요시마 선생

마음으로 사람을 대하는 사람…
힘들어도 웃음을 잃지 않는 사람…

토요시마 선생은 키가 많이 작았다. 7~10센티미터 정도 높이의 굽을 신발에 장치하고도 키가 내 어깨 정도밖에 되지 않았다. 그렇다고 내 키가 큰 편도 아닌데.

그녀는 어학교의 거의 모든 일을 도맡아하고, 일본어뿐 아니라 영어과 수업까지 하고 있어 무척 바빴다. 학교 재정이 부족한 관계로(늘 하는 이야기지만) 사무, 수업, 일본어 교습, 영어 교습, 커리큘럼 담당, 학교 홍보 등 박봉에 잘도 버텼다.

수업 시작 전 오오키 선생이 아이들 앞에 섰다. 그녀는 어학교의 교감으로 평판이 좋지 않고 성격이 차갑기로 유명했다. 이혼 경력에 큰 콤플렉스까지 갖고 있는 상당히 껄끄러운 상대였다. 오오키 선생은 그날도 어김없이 반쯤 감긴 차가운 눈으로 새로운 선생을 소개했다.
"영문학 전공에 수재인 선생님을 소개합니다. 좋은 관계로 함께 하길 바랍니다. 토요시마 선생님입니다."
"안녕하세요, 토요시마입니다. 일어를 책임지겠습니다."
예상과 다른 소개였다. 그저 그런 선생이겠지, 대충 시간이나 때우다 가는 선생이겠지 하는 생각이 달아날 정도로 목소리에서 책임감이 느껴졌다. 교실에 있는 사람이 전부 외국인임을 의식한 건지 지금껏 겪은 선생들과는 다른 소개말이었다.

토요시마 선생은 우리 반을 담당하게 되었다. 마야카가 있고 내가 있고 정말 비슷하지도 않은 인종이 전부 섞인 나름 재미있는 반이다.

그녀는 교육학을 전공한 사람답게 일본의 역사 지식이 풍부했고, 답답한 외국인의 궁금증을 해소해주기 위해 온갖 방법을 동원해 쉬는 시간을 무시하면서까지 재미있게 수업을 했다. 그러니 자연스레 토요시마 선생을 따르는 학생이 많아졌다. 그렇지만 모든 게 순조롭지 않은 게 사람 일인지라 바람직한 교실 분위기는 얼마 가지 못했다.

일본어 학교 학생들은 집을 구할 때 어려움을 겪는다. 친인척 하나 없는 일본에서 집 보증인을 구하기가 쉽지 않아서다. 학교 선생들이 학생들의 편의를 위해 보증을 서주기도 하는데 이에 토요시마 선생도 동참했다. 그런데 그 학생 중 하나가 집세를 세 달 치나 미루고 자취를 감추고 말았다. 계약 기간이 남은 집은 그 기간의 방세가 고스란히 보증인에게 전가되어 결국 토요시마 선생이 그 책임을 떠안게 되었다.

그 학생은 다른 사람과 친분도 없는 터라 정보라고는 그가 어느 나라에서 왔는지 정도였다. 평소 어떤 아르바이트를 했는지 혹시 사고에 휘말려 실종된 건 아닌지 하는 것은 도무지 알 길이 없었다.

남은 사람이 입어야 할 손해도 컸다. 학교는 입국 심사 비자 발급 기준이 되는 학생들의 출석률에 영향을 받기 때문에 향후 경영에 문제가 되었고 이 외에도 여러 정신적·물질적 손해가 이만저만이 아니었다.

만약 내가 선생의 입장에서 이런 경우를 당하면 실망을 하고 직업에 회의를 느꼈을 것이다. 그런데 토요시마 선생은 오히려 그 학생을 걱정하고, 수소문해 일주일 이상 그를 찾아다녔다. 어찌어찌 학생을 찾은 다음에도 꾸짖고 책임을 묻기보다 그를 염려하며 사고가 아니길 다행이라며 학교에 돌아오기를 권고하고 밥까지 사먹이며 설득을 했다. 그렇지만 그 학생은 결국 돌아오지 않았다.

토요시마 선생을 의식하기 시작한 건 그 무렵부터였다. 피곤에 지쳐 얼굴이 부어도 유난히 웃음이 많고 즐겁게 이야기하는 선생이라 많은 학생이 그녀를 따르고 있었다. 선생과 학생으로 좋은 감정을 갖기보다 그녀를 이성으로 바라보는 남학생들이 생기기 시작했다. 어쩌면 CP의 첫사랑도 이렇게 시작했을지 모른다. 마음으로 대하는 사람에게는 마음의 문을 열지 않을 수가 없을 것이다.

토요시마 선생은 좋은 집안의 큰딸로, 부모는 둘 다 의사였다. 그녀는 부유한 집에서 일하지 않고 아무 걱정 없이 살아갈 수 있었지만 외국 어학연수도 혼자 힘으로 다녀오고 대학도 장학금과 아르바이트로 충당했을 정도로 독립심이 강하고, 보기만 해도 흐뭇해지는 사람이었다.

그녀가 좋은 사람인 줄은 알고 있었지만 나 먹고살기에 바빠 감정도 팔아버리고 열심히 살기 위해 움직였다. 그리고 그렇게 토요시마 선생에 대한 마음은 희미해졌다.

무지막지하게 더위가 기승을 떨던 여름이 가고 겨울이 오고 온기 없는 방에서 또 공부를 하고 다시 1년이 흘렀다. 그리고 어학교를 졸업하면서 토요시마 선생과는 멀어져갔다.

그해 여름은 물가와 집세와 더불어 더위가 살인적이었다. 통 좁은 청바지가 땀으로 몸에 감기고 일본 특유의 습기가 사람을 전투적으로 만들었다.

그러던 어느 날, 전화가 왔다. 토요시마 선생이었다. 밥을 먹자고 했다. 어학교를 졸업한 지 오래되었지만 통역

이다 번역이다 여러 가지 관계를 맺고 있었기에 간혹 직원 회식 때 불려나가 얼굴을 마주친 적이 있었다.

토요시마 선생과 간단히 밥을 먹고 이야기를 나누는 중에 묘한 공기가 흘렀다. 인간적으로, 선생으로 많이 끌렸던 사람이고 단둘이 마주하고 앉기는 처음이었다.

그녀는 많이 피곤해 보였다. 일을 그만두고 다른 일을 알아봐야겠다는 말과 함께 힘듦을 토로했다. 외국인으로서 그녀에게 어떠한 위로도 해줄 수 없는 게 답답했다.

토요시마 선생은 사귀던 남자친구 이야기를 하기 시작했다. 지금까지 들은 주변의 어떤 연애 이야기보다 심한 배신과 슬픈 사랑을 한 것 같았다. 그러나 그녀는 여전히 그를 기다리고 있다고 했다. 그 남자는 나쁜 남자 같았지만 그녀에게 사랑을 받고 있다는 점에 있어서는 부럽다는 생각이 들었다.

그녀는 슬픈 이야기를 가슴에 안고 새어나오지 않게 철저히 감추며 바쁘게 웃음으로 봉하고 살았었나 보다. 그렇게 아프고 힘들면서도 잘 웃고 생활할 수 있는 그녀에게 독기마저 느껴졌다. 그렇지만 그녀는 사랑을 받고 싶어 했다. 데이트 신청을 했음에도 성의 없이 밥만 먹는 사람과 같이 웃을 수 있는 코드가 맞는 사람에게 말이다.

타이완, 리짱

"난 너를 넘을 거야!"
언제나 열심히 생활하고, 노력하던 리짱…
내 부주의로 친구를 잃었다.

리짱은 내게 있어 오아시스 같은 존재였다. 일본어 학교 통역을 맡아 일하던 중 리짱을 만났다. 유난히 졸린 눈을 하고, 유행에 뒤떨어진 파마머리에, 가까이 가면 찌든 담배 냄새가 났다.

입학식의 통역이 끝나자 신입생들은 나를 졸업생이 아닌 학교 선생으로 착각하고 있었다. 저마다 자기 나라에서 배운 짧은 일본어로 "선생님, 선생님." 하며 따랐다.

"통역을 하러 온 학교 졸업생입니다. 선생은 아니고."

그들에게 통할 리 없었다. 선생이란 단어를 외치는 것만으로 그들은 내게 하고 싶은 말 전부를 표현한 것이었고, 내게 잘 보여야겠다는 생각을 하고 있는 듯했다. 그때 리짱은 저만치서 내 쪽을 보고 있었다.

평소 대만 출신 유학생과 친분이 있던 터라 리짱과 서로 소개를 하고 인사를 나눴다. 공용어인 일본어로 인사를 했지만 그는 못 알아듣는 것 같았다. 같은 한자 문화권이라 글을 보면 이해하지만 읽지는 못했다. 리짱은 무언가 이야기하고 싶은데 망설이는 듯했다. 그가 무척 답답해할 것 같았다. 일본에 처음 왔을 때의 나처럼 모든 것이 흑백사진같이 뿌옇게 보일까? 마치 어린 시절 물속에서 억지로 눈을 뜨고 친구와 가위바위보를 했던 것 같은 답답한 가슴을 느끼고 있을까? 아무것도 모르는 철저하게 자신뿐인 세계를 리짱이 느끼고 있을 거라는 생각에 마치 지난 나를 보는 듯했다.

초급반에 들어간 리짱을 다시 만난 건 한국 유학생의 출석률이 좋지 않으니 학교에 와서 조언을 해달라는 요청을 받았을 때다. 한국인 학생들을 모아놓고 타이름 반, 으름장 반으로 이야기하고 있는데 교실 밖 창문으로 리짱이 보였다. 그는 나를 보고 90도 각도로 인사를 했다. 웃기는 아이, 웃을 수밖에 없었다.

다른 선생에게 리짱에 대해 여러 가지를 물어봤다.
"수업 태도 어때요?"
"좋아요. 질문이 많아서 곤란할 지경이에요."
수업은 물론이고 예습에 복습까지 엄청난 공부 벌레라

고 했다. 정말 곤란한 듯 보이는 선생의 표정에 진심이 묻어났다. 어쩐지 그 말을 들으니 리짱과 친해지고 싶었다. 내가 먼저 그에게 다가가 인사를 건넸다.
"안녕."
"……."
리짱은 아무 말도 못하고 얼굴이 빨개졌다. 그에게 잠시만 기다리라고 영어로 이야기한 다음 일본어가 능숙한 대만 출신의 고급반 유학생을 데리고 왔다. 통역을 하라는 것이다. 열정적이다!
"지금은 내가 말을 못하니 미안하다. 폐가 안 된다면 학교 끝나고 너와 이야기하고, 같이 공부하고 싶다."
그가 흔쾌히 응해 그날 이후 우리는 친구가 되어갔다.
똑똑.
"누구?"
"나야, 나."
"리짱이다!"
리짱은 내가 아르바이트가 없는 날에는 저녁 시간에 맞춰 먹을 것을 싸들고 찾아왔다. 리짱의 고모는 일본에서 '구라부'를 운영하고 있었다. 그는 그곳에서 점장 겸 일을 봐주는 대가로 고모에게 학비를 받고 있었다. 덕분에 자고 먹을 것 따위는 곤란하지 않았다. 이러한 풍족한 은혜가 나에게까지 온 것이다. 리짱도 반가웠지만 그가 가져오는 여러 대만 음식이 기분 좋게 느껴졌다.
"문 빨리 열어줘."
문이 열리자마자 리쨩은 느닷없이 술 한 병을 내밀었다. 심심할 때 마시라는 것이다.
"리쨩! 나 술 못 마셔. 한 방울도……."
이야기해도 리쨩은 못 알아들었다. 제스처를 써가며 한자와 영어를 섞어 이야기해도 도통 못 알아들었다. 내게도 그런 날들이 있었다. 아르바이트를 하며 손님이 주문을 해도 알아듣지 못하고 멍청히 서 있었다. 아무것도 못 알아듣는 불편함과 미안함과 무안함은 두 번 다시 맛보고 싶지 않다. 지금 리쨩이 그때의 내 상태다. 그가 말을 잘 알아듣지 못해도 짜증이 나지 않았다. 아니 답답하지만 짜증은 내지 못했다.

리쨩은 한국 사람이 술이 세다는 말을 어디서 들었는지 즐겁고 기쁜 마음으로 술을 가져왔지만 한 모금도 마시지 못하는 내게 술은 독과 다름없었다.
"미안해. 그럼 우리 한 잔만 할까?"
역시 통하지 않는다. 그렇지만 곧 분위기로 알아채고 술을 따르는 나에게 이야기했다.
"対不起(죄송합니다)."
홍콩 느와르 영화의 영향일까? '따거(大哥, 형님)', '뚜에이 부치(対不起)' 정도는 알고 있던 터라 리쨩과의 대화가 눈치껏 이어졌다.

 사람은 만나 보면 여러 부류가 있다. 예쁘고 잘생겼지만 왠지 이야기가 자꾸 끊기는 사람, 별 이야기도 아닌데 재미있게 대화할 수 있는 사람. 그중 리짱은 재미있게 이야기가 되는 사람이었다. 물론 6개월 후에 알게 되었지만.

 리짱이 술에 취해 얼굴이 벌건 채로 말을 꺼냈다.

"3 Month wait for me."

"3개월?"

 뭘 기다려 달라는지 알 수 없었다. 술에 취해 하나도 모르겠다. 나중에 안 사실이지만 리짱도 나처럼 술을 한 방울도 마시지 못하는 체질이었다. 겉보기에는 골초에 술꾼임에 틀림없는데. 리짱 역시 내게 "한국인 주제에 술 한 잔도 못 마시냐?"라며 다소 씁쓸한 반응을 보였지만 아무튼 우리는 이렇게 말도 못하면서 친구가 되었다.

 리짱은 어학교가 끝나면 반드시 전화를 걸어 내가 집에 있는지 없는지 확인했다. 좋은 친구이지만 솔직히 매일 만나는 건 무리였다. 가끔은 혼자 있고 싶고, 공부할 시간도 필요했다. 그런데도 리짱은 매일매일 전화를 했다.

"지금 밖에 나가, 오지 마."

 그렇게 한 달을 버티던 어느 날이었다.

"나 지금 학교."

 거짓말이다. 수업은 오후에 있다.

"나 지금 네 방 앞."

리짱이 휴대전화를 샀나 보다. 분명 내 목소리는 방문 앞까지 새어나갔을 것이다. 당황스럽고 창피했다. 한 달 내내 한 거짓말이 들통 나는 순간이었다. 정말 미안하다는 표정으로 문을 열자 리짱은 껄껄 웃고 있었다.

"놀랐지?"

정확한 표현이다. 3개월이 되는 날 리짱은 우리의 공통어인 일본어로 '놀랐지'라고 표현했다. 정말로 놀랐다. 거짓말이 탄로 나서 놀랐고, 안 본 사이에 정확한 표현을 써가며 일본어로 이야기하고, 절대 안 풀릴 것 같던 촌스러운 파마머리가 부드럽게 풀려 있어서 놀랐다.

리짱은 정말 맛있는 걸 가져왔다며 가방에서 주섬주섬 뭔가를 꺼내 내 앞에 펼쳐보였다. 취두부였다. 대만 친구들이 있어 대만 음식은 여러 번 먹어봤지만 취두부는 처음이었다. 대만 음식이 한국인 입에 잘 맞는지 아니면 내 입에 맞는지는 모르겠지만 어찌했든 리짱이 가져온 취두부도 틀림없이 맛있을 것이었다. 처음 보는 음식에 흥미가 났다. 병에 들어 있는 것이 꼭 우유 빛깔 치즈 같았다.

"리짱, 이거 냄새라는 한자가 적혀 있는데?"

"어, 그거? 발효시킨 거야."

"발효?"

"응, 발효."

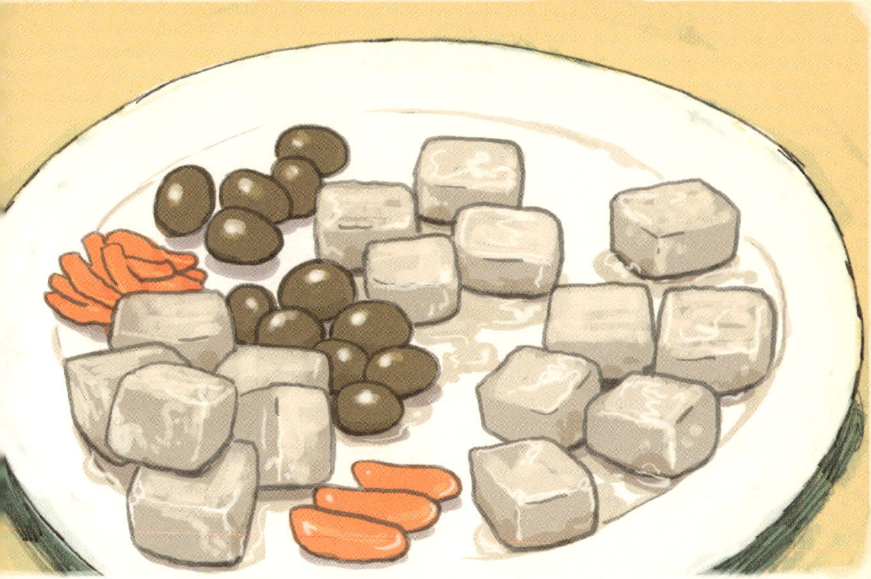

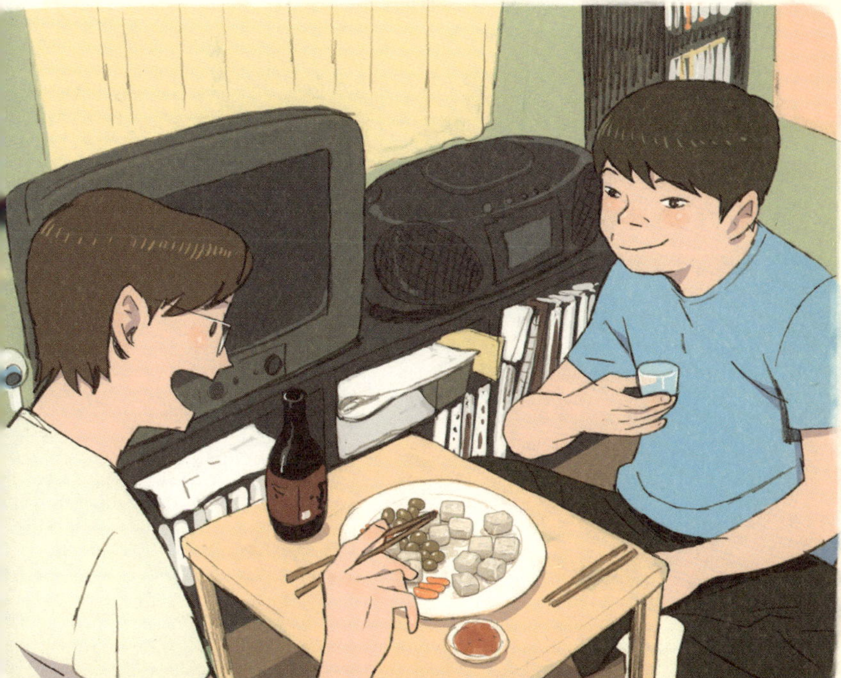

"너, 발효라는 뜻 알아?"
"哎哟!(아이고!) 내가 바보니?"
"너, 바보잖아. 3개월 전에는 앞뒤도 몰랐으면서!"
"너는! 너는 안 그랬냐!"
"어. 난 안 그랬어."
"이거, 먹어봐."
"싫어, 못 먹겠어! 썩은 거 같은데 어떻게 먹냐!"
"哎哟.(중국 영화처럼) 맛있드……."
"너 맛있다는 말이 무슨 말인 줄이나 알아? 너 지금 끝말 생각 안 났지? 그럴 줄 알았어."
"哎哟!……(중국어로 어쩌고저쩌고)."

취두부를 한입 삼키자마자 참을 수 없는 역겨움에 화장실로 뛰어 들어갔다. 취두부를 좋아하는 사람도 있겠지만 내게는 절대로 입에 넣을 수 없는 두 가지가 생겼다. 일본의 붕어스시와 중국의 취두부.

"미안, 화났어? 일부러 맛보라고 가지고 온 건데……."
리짱은 정말 미안하다는 표정으로 이야기했다.
"넌 이거 좋아하니?"
"아니!"
"야! 너도 못 먹으면서 나는 왜 먹으래?"
"반응이 어떤지 보려고."
"야!"

리짱의 일본어 실력은 3개월 후 일취월장했다. 도수 높은 안경을 쓰고 어눌한 일본어를 하며 사람들을 웃기고 다녔다. 어느 날, 리짱이 평소 표정과는 어울리지 않게 함박웃음으로 내 방을 찾아왔다.

"야, 나 오늘 내 일본어가 일본인 같다는 말 들었다. 누군지 몰랐대!"

"누군지?"

"응, 외국인인지 몰랐대."

왔구나!

"너도 그 소리 들었어? 혹시 후지타 선생이 그래?"

"……어떻게 알아?"

"야, 인마. 그 선생 늘 하는 말이야!"

"……."

너무 뭐라고 그런 건 아닌지, 너무 무시한 건 아닌지 걱정이 되었지만 리짱이 워낙 잘난 척을 하는 탓에 가만히 있을 수가 없었다. 그날 이후 리짱은 내 방에 오지 않았다. 그도 그럴 것이 나의 여유 없는 성격을 못 참았을 거다. 미안했다. 그런데 일주일 뒤에 리짱이 찾아왔다.

"나 왔다!"

"오! 안 올 줄 알았는데? 타이완에 간 줄 알았어."

"내가 갈 것 같냐!"

"나도 너 같은 때가 있었어. 네이티브 스피커를 넘으려고 무던히 애썼다. 그런데 한계가 있더라, 한계가!"

"난 목표를 세웠어. 나는 너를 넘을 거야!"

그날 이후 리쨩과 나는 일본인조차 못 읽고, 잘 쓰지도 않는 단어를 찾아 서로 문제를 내며 내기를 하고 밥을 샀다. 이런 단어가 무려 1,000개 이상이었다. 우리는 무수히 많은 이야기를 나눴나 보다. 나에게도 도움이 되었고 리쨩도 우수한 성적으로 어학교를 졸업했으니.

본인의 표현을 빌리자면 리쨩은 자동차를 좋아하는 매우 과학적인 타이완 폭주족이었다. 그러나 이제는 정신을 차리고 운전을 좋아했던 과거를 버리고 정비를 배울 거라고 했다. 일본산 차가 많은 타이완 시장에 실질적으로 필요한 정비를 배우고 싶어 했다. 리쨩은 일본의 유명 자동차 정비 전문학교에 입학했다. 강의 내용이 하나도 안 들린다, 어려워 죽겠다, 힘들다고 외치면서도 그는 특유의 근성으로 열심히 공부했다. 나도 논문을 작성하느라 리쨩에게 연락을 하지 못했고 그러면서 우리는 어느 때부터인가 점차 연락이 뜸해졌다.

그러던 어느 날, 리쨩이 나를 찾아왔다. 그새 일본어가 현지인만큼이나 무척 자연스러웠다(한편으로는 일부러 들으라는 식의 일본어로, 준비한 티가 났다). 리쨩은 정비 전문학교 졸업장과 함께 반가운 소식을 가져왔다. 외국인으로는 파격적으로 자신이 졸업한 전문학교의 선생으로 취직한 것이다. 기뻤다. 외국인이 그것도 졸업과 동시에 취직이 되다니! 상당히 파격적인 대우였다.
"야, 정말 축하해. 잘됐다!"
"뭘, 그것 가지고."
리짱의 손에 묻은 기름때와 손톱 밑의 검은 때가 그간의 수고를 말하고 있었다. 분명히 많은 시행착오가 있었을 것이고 많이 힘들었을 것이고 외로웠을 것이다. 그래도 친구라고 찾아와준 리짱이 고마웠다.
"리짱, 그건 뭐야?"
그의 손에는 또 다른 용무를 기다리는 서류가 있었다.
"아, 이번에 비자를 연기해야 하는데 보증인이 없어서. 네가 좀 해줄래?"
보증은 사회활동의 시작이자 무덤이라는 이상한 논리를 가지고 있는 내게, '보증은 죽음'이라고 생각하는 내게 리짱이 보증을 서달라고 했다. 즐겁고 축하하던 분위기가 단숨에 사그라졌다.
"보증? 무슨?"
대강 예상은 했지만 몹시 당혹스러웠다. 어떻게 하면 이 문제에서 벗어날 수 있을지 고민했다. 이런 나를 보는 리짱의 얼굴빛이 안 좋아졌다.
"리짱, 난 보증은……."
"알았다!"

그 한마디를 남기고 그는 바로 방을 나갔다. 나중에 알고 보니 리짱은 주위 사람들에게 부탁을 했다가 전부 거절을 당하고 마지막으로 나를 찾아온 것이었다. 그 보증은 정말 형식적인 것이라 이름과 사인만으로 충분했는데 아니 보증이라기보다 서명에 가까웠는데…….

 나는 부주의로 친구를 잃었다. 리짱은 더는 내 방에 오지 않았고 나는 대만 요리를 먹을 수 없었다. 그 후, 리짱의 소식은 어디에서도 들을 수 없었다.

오오키 선생

차가운 표정, 톡 쏘아붙이는 말투
그 이면에 감추어진 아픈 상처…

다들 그렇게 사는지 모른다. 자신이 사는 곳이 타지인지 아니면 고향인지 모른 채 그냥저냥. 살아가다 보면 현재 머물고 있는 곳이 제2의 고향으로 느껴질 만큼 자신이 어디 있는지 모를 때가 있다. 단, 잘 살고 있을 경우에. 잘 먹고 잘 자고 따뜻하고 시원하고 즐겁게……

외국인이 일본에서 상대하는 사람은 대부분 일본인이다. 무척 당연한 이야기이고 또 이주민 또는 유학생은 그렇게 해야 소기의 목적을 달성할 수 있다.

유학생에게 어학교 선생은 일본인에 대한 선입관 형성에 상당한 영향을 미친다(대개 한국인은 한국에서부터 튼튼한 일본인관을 가지고 있다).

어학교 선생은 크게 세 부류로 나눌 수 있다.

첫째, 학생의 일을 자신의 일같이 생각하며 아픔과 슬픔, 기쁨까지 나눌 수 있는 선생. 둘째, 웃는 얼굴로 대하지만 수업 이외의 시간은 철저하게 개인적으로 행동하는 선생. 셋째, 강압적이고 위압적이며 사무적인 선생.

오오키 선생은 세 번째 부류로, 철저히 개인적인 의견과 편견으로 각 나라의 학생들을 꽁꽁 묶었다. 대다수의 학생은 그녀를 싫어했다. 간혹 수업료가 밀리면 공개적으로 돈을 내라고 요구했고 가차 없이 퇴학을 운운했다. 오오키 선생에 대한 학생들의 원망은 날로 높아갔다.

"뭐, 저런 게 선생이야. 일본 사람 전부 이래?"

나 또한 좋아하는 편은 아니었다. 그녀는 얼굴에 표정이 없고, 약간 불편한 다리로 교실을 왔다 갔다 했다.

"쓰레기 주워!"

"화장실 깨끗이 써!"

"시끄럽다!"

"교실에서는 음식 먹지 마!"

누가 봐도 좋아할 만한 부분이 없는 선생이었다.

봄과 가을이 오기 세 달 전은 입학생의 서류로 몹시 바쁘다. 어학교 교무실에 들러 의뢰받은 번역 일을 가져다주고 앞으로 해야 할 일을 듣고 있는데 오오키 선생과 교장이 무언가 심각하게 이야기하고 있었다.

"아, 마침 한국인이 있네요."

오오키 선생이 나를 불러 세웠다. 상당히 거슬렸다. 한국인이라니? 틀린 말은 아니다. 한국인은 맞지만 내 이름을 알고 있을 텐데 한국인이라니? 소문이 틀리지 않았다.

"아, 안녕하세요. 의뢰받은 번역 여기 놓고 갑니다."

"잠깐, 저기……."

내 이름을 못 외운 건가? 벌써 사계절째 어학교의 통역과 번역 일을 맡아서 하고 있었다. 이름 정도는 알고 있는 게 당연했다.

교장과 오오키 선생과 회의실로 들어가자 탁자에 사진과 이력서 비슷한 종이가 여러 장 놓여 있었다. 뭔지 알 것 같았지만 모르는 척하고 자리에 앉았다.

"한국 사람들, 전부 이래요?"

오오키 선생이 회의실 공기를 가르고 차갑게 말했다.

"무슨 말씀이신지……."

"여기 놓인 서류는 입학과 동시에 학교에 안 나오거나 장기 결석하고 있는 사람들이에요. 대부분 한국인이죠."

당연히 한국 학생 서류만 추려놓았으니 그렇지 중국 학생 것도 내놓으면 저거의 4배 이상일걸.

"네……."

"한국 사람은 이렇게 규칙을 어기고 생활해도 전혀 양심의 가책을 받지 않나요? 학교에 안 나오면 누군가 힘들어질 거라는 걸 생각하지 않나요?"

"네?"

"오오키 선생!"

교장이 격앙된 오오키 선생을 자제시켰다. 그는 명목상 교장이지 어느 잘사는 집안의 아들이었다. 일본의 큰 대학 계열 어학교였기에 아마도 낙하산 인사 중 하나인 것 같으나 내게는 친절하니 그에게는 별다른 감정도 기분도 못 느꼈다.

오오키 선생의 말에 대답을 할 수 없었다. 사실 한국 사람도 유학생 비자로 와서 취업에(돈벌이, 엔벌이) 더 힘을 쓰는 남녀들이 있기에 뭐라고 답할 수가 없었다.

"아, 한국 사람들 전부 그렇죠?"

전부는 아니다. '여기 다니는 학생들이 일본인을 전부 당신같이 싸가지 없고, 돈 없다고 학생 쫓아내는 그런 사람으로 알고 있으면 좋겠나? 그렇게 아무 말이나 거침없이 쏟아부어도 아무렇지 않은 얼굴로 이야기해도 괜찮나?'라고 묻고 싶었다.

마음속으로는 여러 생각이 오갔지만 실상은 대답도 안 하고 그저 듣고 있었다. 짜증이 났다. 왜 내가 이런 말을 들어야 하는지. 이제는 오오키 선생도 선생이지만 다른 쪽을 향해서도 화가 났다. 출석이나 잘하지!

돌아오는 길에 생각을 해 봤다. 기분이 나쁜 건지 어떤 건지 아무 대답도 못하고 올 일은 아닌데……. 도대체 어떻게 해야 하는지 머릿속이 멍했다. 사실 학생 비자로 취업하거나 밤의 일에 몰두하는 학생들이 많아 정확한 지적이기는 했지만 기분이 좋지 않았다.

오오키 선생은 그런 선생이었다. 자기 하고 싶은 대로 이야기하고, 자기 이외의 사람은 신경 쓰지 않고 오직 학생들의 머릿수만 세어 학비를 산출하는 그런 선생.

고타베야와 늦은 점심을 먹고 있는데 느닷없이 리짱이 찾아왔다. 워낙 불쑥불쑥 오기에 그러려니 하는데 "밥 먹을래?" 하고 물으니 말없이 침대에 걸터앉았다.

"웬일이야."

"그냥……."

리짱은 말하기에 앞서 머릿속으로 정리를 하고 조리 있게 이야기를 시작했다. 그게 가장 현명한 말하기 방법이라고 했다. 정면을 보며 눈을 조금 위로 치뜨고 문자를 요리조리 정렬하는 모습이 익숙했다. 예전의 내 버릇이기도 하고. 리짱은 뭔가 할 말이 있어서 온 것이 분명했다.

"뭐야. 할 말 있는 것 같은데? 말해 봐."

"아니야……."

고타베야는 눈치 없이 밥만 먹고 있다가 뭔가 느꼈는지 입안 가득 밥을 넣고 오물거리며 거짓말을 했다. "선배, 설거지 이따가 할게." 그러고 방을 나가버렸다.

"쟤는 왜 반말이냐? 중급반이면서 '습니다', '입니다' 정도는 알 텐데?"
"글쎄다……. 왜 왔어? 밥 먹으러 온 건 아닐 테고?"
"오오키 선생 말이야……."
"응. 뭔데, 이야기해. 뜸 들이지 말고."
"오오키 선생 입원했대."
"응? 어디가 아픈 거야? 어디가 아픈데?"
"몰라. 나도 잠깐 들었어. 지나가는데 선생들이 말하는 거 잠깐 들었는데 모르는 단어가 나와서……."
"뭔데? 그 단어 외우고 있어?"
"리스트 뭐라 했는데."
"리스트 컷?"

갑자기 머리 뒤에서부터 등 아래까지 식은땀이 흘렀다. 자살이다. 손목을 긋는 자살을 '리스트 컷'이라고 한다. 리짱에게는 나도 모르는 단어라고 둘러댔다. 혹시라도 좁은 학교에 소문이 날까 싶어서. 선생들도 경솔하게 일본어에 가장 민감한 학생들 앞에서 그런 이야기를 하다니. 말도 안 되는 환자 보호의 정의감과 사명감에 사로잡혀 있을 때 리짱이 말했다.

"문병 가자. 지금 병원에 있대."
"문병?"

썩 내키지 않았다. 내가 가서 무슨 도움이 되지도 않고,

정말 자살을 기도했다면 더더욱 갈 수 없었다.
"나, 별로 가고 싶지 않은데?"
"너, 차가워."
리짱에게서 의외의 반응이 되돌아왔다.
"문병 한번 가자는데 뭐가 그렇게 어려워?"
머뭇거리고 있는 내게 리짱이 이야기를 시작했다.
"오오키 선생은 늘 외로웠대!"
이상하다. 1위를 빼앗긴 기분이었다. 어학교 사정이라면 학생들보다 더 잘 알고 있는데 어떻게 리짱에게 이런 말을 들어야 하는지 순간 2등으로 밀려난 것 같았다.
"뭐? 어떻게 네가 그걸 알아?"
"들어! 오오키 선생은 젊었을 때 아이 못 낳는다고 남편과 이혼하고 그 후로 심한 우울증에 시달렸대."
"네가 어떻게 알아?"
"오오키 선생은 우리 고모 구라부 단골이야. 우리 가게에서 고모한테는 이야기 잘해. 학생들에게도 잘하고 싶은데 잘 안 된다고 고민한다더라."
"고민?"
그 차가운 얼음덩이 같은 오오키 선생이 고민을 한다고? 말이 안 되는 소리였다. 그렇게 사람한테 막 이야기하고 다른 사람한테 상처주고 자기는 상처 따위 안 받으려는 선생이 말이다.

"문병 가자!"

"아? 어…….."

충격이었다. 자살을 기도한 사람을 문병 가는 것도 충격이고 더군다나 그 대상이 오오키 선생이라니.

병실 안에는 같이 살고 있는 동생 내외와 함께 있는 오오키 선생이 보였다. 손목에는 붕대가 감겨 있었고 잠이 든 것인지 눈을 감고 있었다. 동생 내외와 인사를 하자 오오키 선생이 인기척을 느꼈는지 눈을 떴다.

"선생님."

오오키 선생은 우리를 보자 부어 있는 눈에서 굵은 눈물방울을 쏟아내기 시작했다. 절대 안정이라고 쓰인 푯말이 무색할 정도로 흐느꼈다. 세상을 버리려고 결심한 사람의 차가움과 냉정함은 찾아볼 수 없었다.

'뭔가 이 선생을 짓누르고 있구나…….'

말도 안 되는 말을 리짱의 귀에다 쏟아넣고 우리는 병실을 나왔다. 리짱과 나는 자판기에서 주스를 뽑아 마시며 이야기했다.

"자살률이 일본이 높대……."

"응."

이야기가 이어지지 않았다. 어쩌면 리짱도 나와 같은 충격을 받았을지 모른다고 생각했다.

"야, 아까 그 단어……."

"어. 리스트 컷?"

"아, 그게 리스트 컷이야?"

"넌 이런 순간에도 단어 외울래? 에라, 너 평생 이 단어 외울 수 있겠다······."

"······."

리짱도 나도 말없이 집에 돌아왔다. 우리만 힘들게 살아가는 사람인 줄 알았다. 우리만 힘들고 우리만 단어를 외우는 데 매일 지치는 줄 알았다. 그런데 외로워도 힘들어도 자기네 말을 써도 이야기할 곳이 없어 외국인이 운영하는 구라부에서 술을 마시며 토로하는 사람도 있다.

그 외로움은 어디서 시작하는 걸까. 사람의 수치심에서 시작하는 말은 다른 곳으로 뱉어내야 하는 공식처럼 임금님 귀는 당나귀 귀처럼? 그 입장에 나를 세워놓고 생각했다. 먹고사는 게 빠듯한 나로서는 그런 고민은 사치다. 사치 이상이다. 그런데 왜?

누구도 모를 것이다. 어쩌면 오오키 선생 자신도 모르고 그랬을지 모른다. 술기운일지도 모른다. 세상에는 술기운이라는 평계로 얼마나 많은 것들이 묻히는지······.

6개월 만에 오오키 선생에게서 연락이 왔다. 어김없이 번역을 부탁한다는 소리를 했다. 지난달까지만 해도 다른 스태프에게 부탁을 받았는데 지금 전화 저쪽의 목소리는 오오키 선생이었다. 얼마간의 요양으로 차도를 보여

일에 복귀한 것이다.

"네, 수업 끝나고 가겠습니다."

오랜만이었다. 전보다 얼굴에 살이 올라 인자해보였다.

"오랜만입니다, 선생님. 잘 지내셨어요?"

"잘 있었던 것 같아 보여요?" 까칠하다.

"아니 뭐······."

"여기 27~45페이지까지 번역 부탁할게요. 그리고 오늘 저녁에 아르바이트 있어요?"

"없는데요?"

"잘됐어요. 그럼 나랑 같이 저녁 먹으러 가요."

"네?"

흠칫 놀라는 나를 보고 오오키 선생은 빙긋 웃었다.

"별로 내키지 않으면 이야기해요. 괜찮으니까."

"아니에요, 좋습니다. 감사합니다."

오오키 선생은 내게 많은 이야기를 했다. 지금까지 내가 알고 있던 이야기는 물론 가족 이야기, 사랑 이야기, 손목을 그었던 그 흉흉한 이야기 등. 내가 생각했던 오오키 선생의 범위를 훨씬 뛰어넘었다. 이렇게까지 들어도 되는지 물었지만 오오키 선생은 괜찮다는 듯 손사래를 치며 이야기를 이어나갔다.

정이 많은 선생이었다. 학생들이 많은 돈을 들였음에도 공부를 소홀히 하는 것을 보며 가슴이 많이 아팠다고 했다. 그러기를 십수 년, 그간 개인적으로 여러 일을 겪었고 거기에 학생들의 무책임함도 일조해 우울증을 앓으며 점차 학생들에게 못되고 차갑게 대했다고 했다. 그리고 병원에서 생각한 것들, 많은 오해와 갈등이 선생의 가슴에 자리 잡고 있었다. 반성했다. 첫인상으로 그리고 겪어온 경험으로 만들어진 아집과 고집들이 조금씩 무너지고 있었다.

이야기 중 전화가 왔다. 리짱이었다. 냄새를 맡았나?

"지금 오오키 선생님하고 밥 먹어. 나중에 해."

들으라는 듯이 이야기했다.

"나도 거기 갈게."

결국 세 명이서 밥을 먹고 즐겁게 대화를 하던 중 오오키 선생의 생일이 얼마 남지 않았다는 걸 알게 되었다.

"야, 오오키 선생 생일 파티하자!"

"리짱! 나도 그렇게 생각했는데. 그런데 돈 있어?"

"넌 매번 돈! 장소는 우리 고모네 구라부 어때?"

"좋아. 그런데 우리 둘만?"

"나한테 생각이 있어. 넌 오기만 해."

며칠 후, 리짱에게서 문자가 왔다.

'오늘 저녁 8시 구라부 秀에서 생일 파티.'

원래 아르바이트를 일찍 끝내는 일은 좀처럼 없었지만 이날만큼은 가야 할 것 같았다. 구라부 秀에 들어가자

낯익은 얼굴들이 반겼다. 그런데 학생들이 절반이었다. 오오키 선생을 엄청나게 싫어한다던 구두쇠 고타베야를 비롯해 패트릭, 한국 학생들까지.

그전날, 오오키 선생이 우리에게 털어놓은 본심을 리짱이 글로 적어 여러 나라의 언어로 번역한 뒤 각 나라의 대표급(?) 되는 아이들에게 읽힌 것이다. 참 수고스럽고 입이 싸고 방정맞지만 마음만은 착한 리짱이다.

파티는 즐거웠다. 노래에 음식에 웃음소리 그리고 담배는 나가서 피우라는 극성맞은 한국 언니들의 웃음. 그날 오오키 선생의 밝은 미소를 처음으로 볼 수 있었다.

"선생님 예뻐요. 그렇게 웃어요!"

"시끄러워."

"……"

늘 이렇다!

나와 전무

나 같은 한국인?
전무 같은 한국인?
당신 같은 한국인?

일본에 와서 처음으로 아르바이트를 시작했을 때다. 주 6일에 시급은 850엔. 아는 대학 선배의 추천으로, 주방 한편에서 설거지만 할 수 있는 곳에 취직했다. 말을 못해도 할 수 있는 일이었다.

시작한 지 3일 만에 매너리즘에 빠졌다. 들어오는 식기를 그냥저냥 닦아내 세척기에 깔끔하게 정리해 넣기만 하면 되는 일이라 아주 쉽고 괜찮았다. 주방의 열기와 물에 계속 손을 넣어야 하는 것만 빼면 상당히 편했다.

그런데 홀에서 뭐라고 말을 했다. 물소리와 잡다한 소음에 묻혀 말소리가 뭉뚱그려 들렸다. 뭘 달라고 하는 것 같은데 설거지에 온통 신경이 쏠려 도통 못 알아들었다.

내가 맡은 일은 설거지뿐인데, 일본은 내 일만 하면 되지 않는가? 그렇지 않은가? 개인주의가 워낙 발달해서 내 할 일만 끝내면 되지 않는가? 시키지 말고 답답하면 '너희들이 해라!' 그런데 이곳은 왜 그리 사람을 부리는지 모르겠다. 사장이 재일 교포라 그러나? 그렇다고 해도 3세인데, 한국말이라고는 고작 메뉴밖에 모르는데 도대체 개인주의적 일본은 어디에 있는 거지? 심부름? 뭔가 지시 받을 때마다 마음이 답답했다.

그렇지만 일본의 아르바이트는 알아서 해야 한다는, 알아서 그 공간 그 장소에서 살아남아야 한다는 걸 깨닫기 시작했다. 귀가 뜨이고 말이 뜨이면서 간단한 대화가 되면서 지시와 심부름은 더욱 심해졌다. 한두 번이면 참겠는데 대체 설거지만 시키지 않았다. 설거지거리가 산더미같이 쌓이는 주말에는 심부름을 하느라 식기세척은 손도 대지 못했다.

식기를 세척할 시간이 없었다. 내 일은 '식기세척'인데 일을 하게끔 놔두지 않았다. 짜증이 났다. 분명 '이지메'일 거라 생각했다. 이를 악물고 참았다. 일해서 돈을 벌지 않으면 학교고 뭐고 전부 포기하고 돌아가야 했다.

"거기, 물 좀 가져와."

전무! 사장 동생으로 누가 봐도 한국 사람은 아니었다. 한국어는 물론 못하고 유독 내게 심부름을 시켰다. 나는 전무의 심부름을 할 때마다 한국에서 가져온 불편한 표정이 되살아났다. 누가 봐도 불편한 표정으로 그의 앞에 섰다. 전무가 부르면 가게 아르바이트생 누구라도 나와 같은 표정을 지었다. 심지어 점장까지 불편하게 하는 사람이었다.

 욕먹는 사람은 정말 잘못해서 욕을 먹거나 자기가 무슨 잘못을 했는지 몰라 욕을 먹거나 아무튼 욕먹을 짓만 골라 한다는 공통점이 있다. 참 씁쓸한 이야기지만 사실이 그렇다는 걸 본인만 모른다. 욕하는 사람, 욕먹는 사람 양쪽 다 결국 물고 뜯고 해도 안 보이게 안 들리게 하는 것임에는 틀림이 없다. 그래서 세상은 균형을 깨지 않고 빡빡하지 않게 돌아가고 있는지 모른다. 그런데 그날은 일이 터지고 말았다. 어느 한쪽이 말이다.

 "뭐야, 그 표정은?"

 "네? 저요?"

 전무가 내 멱살을 잡고 가게가 떠나가듯 소리쳤다.

 "너 같은 놈 때문에 한국인이 욕먹는 거야! 알아?"

 가게 안의 모든 사람이 나를 주목하고 있었다.

 "일도 못하는 놈이, 앙! 뭐야, 그 눈빛은! 해볼 거냐!"

 아무 말도 못하고 있었다. 옆에서 보고 있던 사장이 동생인 전무를 제지하고, 나는 주방 뒤에서 아르바이트가 끝나기를 기다렸다.

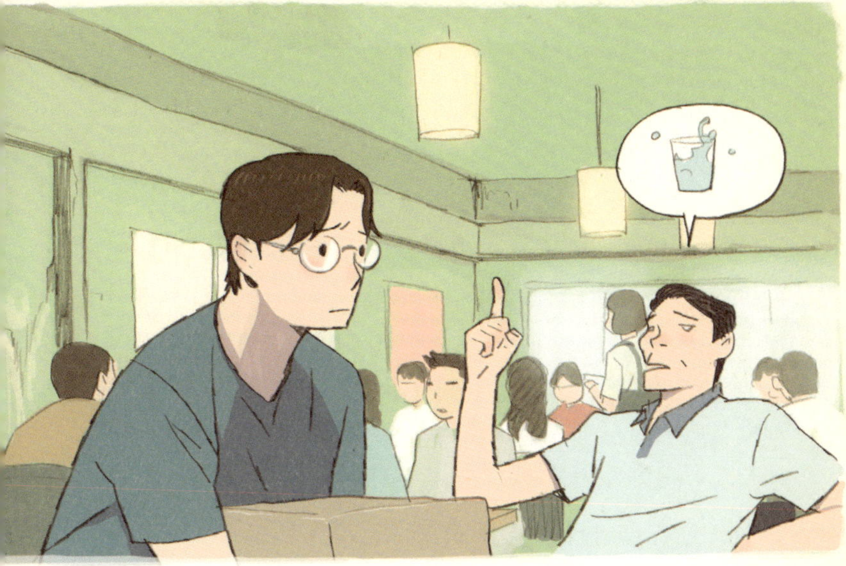

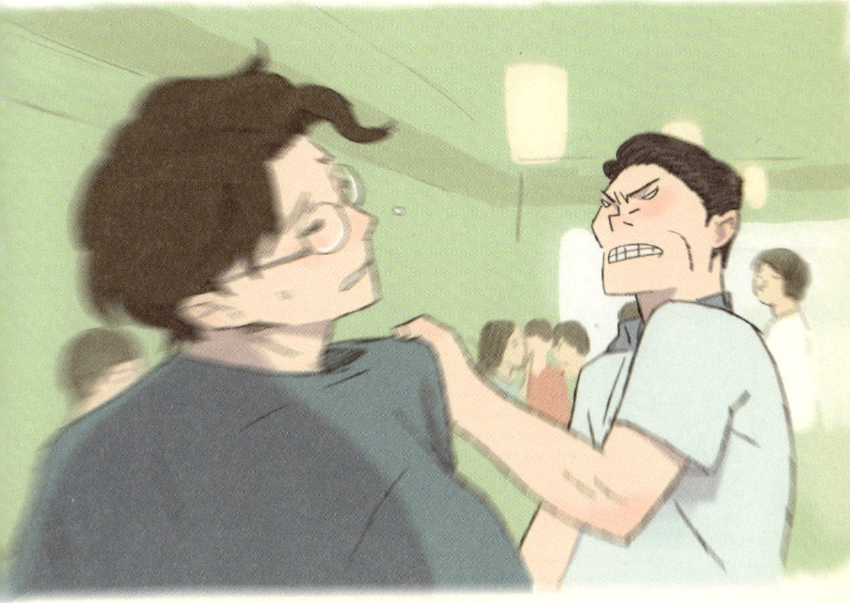

"혼났지? 여기 있는 사원, 아르바이트생 전부 한 번씩 당했어. 뭐, 이제 정식으로 아르바이트생이 된 거네!"

점장이 옆에서 위로 아닌 위로를 했다.

한국인이 나 때문에 욕을 먹어? 나 같은 사람 때문에 한국인이? 아무리 생각해도 전무의 행동이 도무지 이해되지 않았다. 지금껏 나를 한국인의 대표로 생각하지 않던 아르바이트생이나 점장, 직원들이 내가 전무에게 멱살 잡힌 그때부터 나를 한국인의 대표로 보게 될 것이며, 내 행동 하나하나가 한국인이 할 수 있는 행동의 기준이 될 수도 있는 아주 모범적인 예를 전무가 만들어주었다.

그 후, 1년이 지나서도 전무는 홀 한구석에 앉아 사케를 홀짝이며 내가 일하는 모습을 하나하나 관찰했다. 그리고 3일 후에 전무는 가게에서 개발한 고기 소스를 몰래 빼돌려 장사를 시작했다가 얼마 가지 못해서 망했다.

내가 아르바이트를 했던 가게의 사장은 그 지역의 유지로 유명했고 동생인 전무 또한 많이 알려져 있었다. 이렇게 알 만한 사람이 형의 비법인 소스를 빼내 가게를 시작하고 망하기까지 했다. 이 이야기는 그 지역 교민 사회에 두고두고 돌았다. 내게 묻는 사람도 있었다.

"한국 사람은 배신하면서까지 일을 벌이는가?"

난감했다. 이 사건은 한국인과 배신만 남은 일이 되어버렸다. 이미 주변의 평판은 물론이고 그 지역에서 얼굴을 들고 살 수 없을 정도였다.

한국인과 배신! '너 같은 한국인'을 부르짖던 전무가 '전무 같은 한국인', '전무 같은 한국인의 배신'으로 뭇사람의 입에 오르내리며 한국인을 가늠하는 기준이 되었다.

'민간 외교관'이라는 말이 있다. 외교관이 그 나라를 알리는 척도가 아니라 민간인이 서로 교류를 통해 얻는 인상, 느낌이 그 나라의 이미지를 정한다는 것이다.

간혹 일본에서 한국의 이미지가 왜곡되어, 마치 한국 남자는 전부 욘사마인 양 착각하는 사람이 있다. 한국 남자는 데이트 비용을 전부 계산한다는 말도 한다. 좋은 예다. 이러한 염려로 한국인 교수들은 유학생들에게 행동을 조심히 하고, 학생 신분으로 잘 생각하라고 당부한다.

그렇지만 여러 사람이 살아가는 곳에 전부 같은 성향이 있을 수는 없다. 이러한 다양성을 인정하지 못하는 국제사회는 답답할 만큼 진부하기도 하다. 처음 본 것만이, 최초로 본 것만이 진리이며 정통일 거라고 생각하는 점은 한국뿐 아니라 일반 선진국에서도 마찬가지다. 어쩐지 하나에 전부의 의미를 부여하는 메타포적인 생각에 물들어 있지 않나 감히 생각해본다.

어떻게 살아야 할지 모르는 세상에서 나를 옭아매는 내 안의 메타포는 늘 갈등의 존재로 자리 잡고 있다. '돼먹지 않은 한국인', '재수 없는 일본인', '싸가지 없는 미국인', '잘난 척하는 중국인', '못사는 스리랑카', '쥐뿔도 없는 케냐' 같은 표현이 전부가 아니다. 설사 이런 말로 형용되는 나라가 있다 치더라고 그것이 전부가 될 수는 없다. 이러한 사실을 우리는 잘 알고 있음에도 그렇게 행동한다. 이는 무서운 결과를 초래할 수도 있다.

한 단어로, 하나의 묶음으로 표현되고 느낄 수 있는 건 감독의 의도대로 짜인 영화밖에 없다. 이나마 재미있다 재미없다로 나뉘는 세상에 '너 같은 한국인'으로 사람을 공격한 전무가 '전무 같은 한국인'이 된 그날의 반전은 여러 사람에 의해 속담으로 표현되기도 했다.

또한 걱정되는 것이 행동 하나로, 단어 하나로, 책 한 권으로 그 사람을 판단하려고 섣불리 글을 남기는 사람들이다. 그들은 자기 입맛대로 수, 우, 미, 양, 가를 정한다. 자기의 불만족을 그렇게 표현하고 있는지도 모른다. 그들 역시 결국 '나 같은 한국인'의 모양을 갖추고 다른 사람을 비난하려고 하지만 그 뜻대로 비난의 화살이 자기를 피해 남에게만 향하지는 않을 것이다.

삐딱하게 나가는 게 멋있다는, 비난과 꼬집기가 멋스럽다는 비희망적인 자기 안의 메타포를 버렸으면 한다.

'너 같은 한국인'을 외치던 전무가 '전무 같은 한국인'이 된 교훈은 내게 행동의 기준이 되곤 한다. 결국 하고픈 말은, 하나로 전부를 판단하지 말라는 가녀린 외침이다.

한국인 하시리야

그렇게 좋으면 누나 태우고 다니지, 왜 혼자 다녀?
응~ 편해서!

형은 상당히 부유해보였다. 집 안에 없는 게 없고 처음 만난 그날 김치를 내주었다. 신혼부부였다. 일본에는 유학생만 있는 줄 알았던 무지가 CP와 살기 시작한 지 이틀째 되던 날 깨졌다.

형은 일본에서 전문학교를 졸업하고 취직을 기다리는 상태였다. 나는 워낙 낯을 가리는 성격이라 그럭저럭 밥을 먹는 둥 마는 둥 하고 오직 내가 가지고 있지 않은 텔레비전에 관심이 쏠려 있었다. 그 안에서 많은 언어가 쏟아져나왔다. 무슨 말을 하는지 알아듣지는 못했지만 그저 보고 있었다. 보기만 해서는 이해가 안 되는 프로그램이 많았다. 여성들의 맨살이 노출되고 폭력이 하나의 재미로 비춰지고 있었다.

 재미있었다. 밥도 좋고 이야기도 좋지만 가만히 텔레비전이나 봤으면 하고 바랐다. 정말 재미있어 보이는 프로그램이 시작하는데도 CP와 형은 왜 그리 말이 많고 질문이 많은지 자동차 이야기를 하고 있었다. 하나도 모르는데 자동차 따위 관심 없는데 4DW가 어쩌고 FF가 어쩌고 FR은? 하나도 모른다!

 돌아오는 길에 CP에게 물었다.

 "좋은 사람들이야?"

 "겪어 봐!"

 예상했던 대답이었지만 여전히 무뚝뚝했다. 외국으로의 이주 그리고 유학 초기는 육체적으로 정신적으로 상당히 민감해지는 시기다. 많은 사람이 그렇게 느끼고 나 또한 예외는 아니었다. 한국에서는 아무렇지 않은 대답이 그곳에서는 아무렇지 않은 게 아니었다.

 그날은 아침부터 비가 오기 시작해 곧 일본식 아파트 처마 밑으로 많은 빗물이 떨어졌다. 아르바이트를 구하지 못했다는 불안감에 초조해하고 있었다. 지금부터 어떻게 살아가야 할지 앞으로 다가올 모든 것이 무서웠다. 몸도 마음도 그리고 모든 환경도 나를 위해 존재한다는 충성스러운 사랑을 말하기는 힘든 시기였다.

 밖에서 오토바이 소리가 들렸다. 집배원이었다. 한국에

서 편지가 한 통 도착했다. '사랑하는 아들······.'로 시작하는 부모님의 편지를 손에 쥐고 읽자마자 눈물을 쏟았다. 잘하리라 마음먹고 왔지만 생각했던 것과 달리 생활은 순조롭지 못했다. 장맛비가 쏟아지는 창문가에 앉아 서러움을 전부 내어놓았다. 그간 스트레스가 상당히 쌓였나 보다. 그렇게 한참 울다가 혼자 흘리는 눈물이 멋쩍어 CP가 오기 전에 진정시키리라 마음먹고 있었다.

내가 사는 아파트는 입구에 자갈이 깔려 있어 누가 오거나 하면 자갈 밟히는 소리가 들려왔다. 자갈이 부딪치는 요란한 소리가 났다. 차 엔진 소리가 들리고 잠시 후 누군가 문을 두드렸다. 형이었다.

"뭐해? 우울하구나?"

"······."

"그럴 줄 알았다. 드라이브 가자."

잘사는 줄은 알았지만 차가 있는 줄은 몰랐다.

"드라이브요? CP는 어떻게 하고요?"

"걔는 많이 가서 괜찮을 거야. 가자!"

핸들이 오른쪽에 있는 차를 처음 타봤다. 일본 문화나 언어로는 어색함을 못 느꼈는데 차의 오른쪽 핸들을 보니 '아! 이곳이 외국이구나.' 하고 처음 와 닿았다.

"오늘 재미있는 거 보여줄게."

"······."

기분이 엉망이었다. 앞으로 살아갈 길이 막막한데 드라이브가 내킬 리 없었다. 오히려 부담스러웠다. 별로다! 거기다 두 번째 만나는 사람인데 드라이브를 가자니. 하루하루가 힘든데, 차를 타는 것조차 마치 일본에 놀러온 것 같아 죄책감이 드는데. 이렇게 생활해도 되는 건가? 이렇게 아무것도 못하면서 휩쓸리는 게 괜찮은 건가? 감당 못할 수백 가지 생각을 하며 차를 타고 가고 있었다.

돌같이 굳은 딱딱한 마음이 창 옆으로 지나치는 시원한 저녁 무렵의 공기와 풍경에 서서히 풀어졌다. 일본에 와 있다는 불안한 자극이 비 개인 하늘의 저녁노을과 초여름의 신선한 공기와 맞물려 점차 기분이 맑아졌다. 2시간 정도를 달리며 차는 도시 외곽으로 빠지고 있었다.

"어디 가는데요, 형?"

"멋진 거 보러."

"멋진 거요? 야경?"

산간 도로를 달리는데 갑자기 뒤에 오는 차들이 추월을 하며 우리 쪽으로 뭐라고 소리쳤다. 상당히 무서운 소리를 내는 치들도 어마어마한 속도로 형의 차를 추월해 인사를 건넸다. 이에 형도 그들에게 인사를 했다.

"형! 위험하지 않아요? 폭주족 같은데……."

저쪽 먼발치에서 타이어의 파열음이 들려왔다.

"왼쪽 위 봐봐."

"저건······."

조금 아까 지나친 차들이 굉음을 내며 비탈길을 미끄러지듯 내려오고 있었다. 드리프트를 하면서! 텔레비전에서 보던 차 스턴트 장면이 눈앞에 펼쳐졌다. 텔레비전보다 10배 이상의 현장감이 느껴졌다. 타이어의 마찰과 타이어 타는 냄새 그리고 드리프트 폭주족 간의 신호. 모든 것이 처음 겪는 일이었다.

폭주족은 폭력적이고 나쁘다. 험상궂을 것이고 어떻게 보면 반사회적인 인물이다. 새로운 눈앞의 환경과 지금까지 가지고 있던 상식이 뒤섞여 내가 수용할 수 있는 능력 밖의 무엇으로 변화했다. 곧 폭발할 것 같았다.

아까부터 폭주족 가운데 한 명이 우리 쪽을 보며 뭔가 중얼거리고 있었다. 그러더니 갑자기 길 하나를 사이에 두고 있던 거리를 단숨에 달려왔다. 일이 벌어졌다. 도망가자고 이야기하려고 형을 보는데 말이 나오지 않았다. 점점 거리가 좁혀지고 드디어 그가 가까이 다가왔다.

아는 일본어를 써서 최대한 공손하게 사과해야 한다. 정말 미안하다는 일본어가 뭐더라? 형이 나보다 덩치가 크니까 좀 하겠지?

"안녕하세요."

"어. 다른 아이들은? 오늘 비가 와서 놀기 좋은데 사고 안 나게 조심해."

"예, 그러겠습니다. 애들에게도 이야기해 놓겠습니다."

이건 도대체 무슨 일인가? 반사회적이고 반항적이고 사람들에게 민폐를 끼치는 폭주족에게 형이 명령 아닌 충고를 하고 있었다.

'응? 나는 잘못된 길로 들어선 건가?'

불안하면서도 뭔가 짜릿했다. 주변에 흩어져 있던 폭주족들도 전부 다가와 형에게 인사를 했다.

"형, 여기 두목이에요?"

"두목? 후후. 그건 아니고 '하시리야'라고 드리프트 즐기는 모임이야."

하시리야는 폭주족처럼 사람들에게 피해를 주면서 달리지는 않는다고 했다. 그렇지만 경찰이 보기에는 폭주족이나 하시리야나 골칫거리임에 틀림없었다.

"너도 타볼래?"

"저요? 누가 운전해요?"

"내가 운전할 테니까 걱정 말고 타라."

그곳에 올 때까지 알지 못했지만 왜 좌석이 바켓시트이며 안전벨트가 왜 엑스밴드인지 깨달았다.

드리프트는 최고였다. 놀이공원의 그 어떤 기구보다 짜릿하고 스피드감이 있었다. 형의 기술은 최고였다. 밖에서 보고 있는 하시리야의 20여 명은 우리가 타고 있는 차의 움직임을 눈으로 쫓다가 마지막 코스까지 부드럽게 미끄러지듯 끝내자 환호를 보냈다.

형은 클랙슨을 울려 하시리야에게 그들만의 신호를 보내고 바로 그곳을 빠져나와 산꼭대기를 향해 내달렸다. 시내가 훤히 내려다보이는 형의 비밀 장소로 갔다.

"봐, 좋지? 내가 일본에서 제일 좋아하는 장소다."

눈부시다! 공기가 맑고, 불빛이 아롱거리며 빛났다. 그 빛은 마치 유리판에 얹어놓은 보석을 다시 유리에 넣어 조그만 공기의 흔들림으로 움직이게 만들어놓은 보석함 같았다. 그 광경을 보고 있으니 왠지 모를 힘이 생겼다. 잘해나갈 수 있을 것 같았다. 그리고 내게 이런 기분을 갖게 하고 힘을 주고, 일본인들에게 환호를 받는 형이 존경스러웠다.

"많이 힘들지?" 하고 형의 입에서 격려의 말이 나올 것 같았다. 그리고 내 눈에서는 눈물이 나올 것 같았다. 형이 무슨 말을 하든 전부 참고하고 가슴속에 새길 준비를 했다. 그렇게 결심했다.

"누나한테는 비밀이야. 집사람한테는 말하지 말라고."

……응? 그렇게 멋있던 형이 누나를?

그날 저녁, 형은 우리 집에서 잠을 잤다. 그리고 많은 대화를 나눴다. CP는 듣는 둥 마는 둥 이미 어떤 이야기인지 안다는 듯 우리 쪽을 보고 있었다. 형은 시즈오카에 있는 레이싱 팀의 스태프가 되기 위해 시험을 치르고 결

과를 기다리는 중이라고 했다.

"내가 그 팀에 들어가면 아마 한국인으로는 처음일걸? 부러운 줄 알아!"

하나도 안 부러웠다. 그리고 결국 형은 원하던 대로 취직이 되었다. 형이 시즈오카로 이사를 가기 전에 함께 꽤 많이 하시리야의 성지를 가고 차를 타기도 했지만 처음의 감동은 점점 옅어져 갔다. 그 후, 형은 한마디를 남기고 이사를 갔다.

"봐라. 형이 취직하면 포르쉐를 사서 타고 올 테니까."

한여름의 더위와 다다미방의 서늘함을 느끼며 대자로 누워 있었다. 선풍기도 없으니 찜통 같은 습기와 일본의 더위와 목조 아파트의 복사열로 거의 말라갈 지경이었다. 물을 마셔도 갈증이 심해졌다. 생명을 담보로 더위와 싸우는 게 아닌가 덜컥 겁도 났다. 어디서 주워들은 상식인지는 모르겠지만 싱크대 찬장 위에 있는 맛소금을 입안에 털어 넣어야겠다는 생각이 들었다. 본능이었을지 모른다. 탈수에 대한 상식을 동원해 더위에 나자빠진 모든 원인이 소금이라고 생각했다.

점점 잠이 쏟아졌다. 의식이 몽롱해질 즈음 밖에서 자갈 밟는 소리가 났다. 자동차 소리다. 나와 관계없는 소리다. 택배 회사이거나 우체부 아저씨이거나 아파트를 기준으로 지름길로 삼고 있는 고등학생들의 자전거이거나.

눈을 감고 깊은 수면의 3분의 1 지점을 즐기고 있었다.

쾅쾅. 의식이 되돌아오고 다시 소리를 듣고 일어났다.

"소포인가?"

다다미에 붙어버린 몸을 억지로 떼어내 문을 열었다.

"형!"

"잘 있었냐? 아르바이트 구했다며? 축하해. 나와 봐."

"형, 이거 그거잖아요!"

"내가 그랬지? 산다고!"

형은 약속대로 포르쉐를 샀다. 말로만 듣던, 잡지에서 보던 그 차가 눈앞에 있었다.

"가자."

반사적으로 형은 나를 끌고 하시리야의 성지로 향했다. 역시 형이었다. 많은 사람들의 환호를 받았다. 드리프트 속에 피어나는 타이어의 타는 연기 그리고 매캐한 냄새. 그날 저녁, 형은 우리 집에서 자고 이튿날도 잠을 잤다.

"누나한테 전화 오면 모른다고 해!"

멋진 형이다.

이란인 지미

내 앞에서는 억지를 부리고 떼를 쓰는 지미.
나와 헤어지면 이란인 집단의 우두머리가 되는 지미.
그런 그가 울고 있었다····

지미는 늘 그곳에 있었다. 비가 와도 눈이 와도 그곳에 있었다. 따뜻한 나라 출신인 주제에 겨울이 좋다고 했다. 이슬람인 주제에 눈을 보면 크리스마스가 좋다고 했다. 종교 때문에 돼지고기를 못 먹는 주제에 챠슈라면의 챠슈가 좋다고 했다. 내가 기타를 치고 있으면 늘 옆에 앉아 엉터리 한국어로 노래를 불렀다.

눈이 동그랗고, 키는 조금 작지만 살집이 있어 단단해 보이고, 엄청난 곱슬머리에, 눈이 충혈되고, 멋진 수염을 가지고 있었다.

한국과 이란의 이야기를 하다 보면 금세 눈물을 흘리며 "내 눈물은 진주야."라고 분위기와 전혀 맞지 않는 농

담을 했다. 진주! 인어의 눈물인가? 엄청난 고통으로 흘린 눈물의 대가가 진주라고 했다. 지미가 진주가 고통이라는 것을 어디서 듣고 '내 눈물은 진주'라고 말한 걸까? 지미의 고통, 진주 그리고 눈물. 나는 이때까지만 해도 지미의 쓸쓸한 기억을 알지 못했다.

노상 라이브의 수입원은 지나가는 사람들이 던지는 동전이다. 그렇다고 듣는 사람에게 동전을 달라고 보채면 안 된다. 그런데 지미는 스스럼없이 사람들에게 동전 바구니를 내밀었다. 적선과 감사의 차이를 무참히 깨는 지미의 방법이 싫었다. 그러나 수입의 느는 걸 보면서 내 방법을 묻고 지미에게 맡기기로 했다.

나는 공터 한편에서 기타를 치고 거기서 받는 팁을 용돈으로 썼다. 기타가 없어 옆에서 공연을 하는 마쯔다상에게 빌렸기에 내 수입의 반은 그에게 넘어갔다. 누가 뭐라고 할 것 없이 마쯔다상과 나의 암묵의 계약이었다.

그 공터에서 기타를 치며 지미를 처음 만났다. 이란인 지미. 전쟁으로 익숙한 이란이라는 나라에서 일본에 왔다는 게 신기했고, 일본 사회에서 적응을 하고 있는 게 놀라웠다. 한눈에 외국인으로 보이는 그가 살아가는 외국 생활은 어떨까 하고…….

지미는 내게 친절했다. 먼저 친구라고 이야기하며 허그를 했다. 나는 이런 외국인이 맘에 들지 않았다.

지미는 여러 사람과 집단으로 뭉쳐 행동했고, 늘 자기들끼리 뭔가를 소근거렸다. 그리고 공터 근처에서 각성제를 팔고 있었다. 약을 파는 지미다. 몸집이 유난히 작고 신하게 생긴 지미를 보며 아마 이란인 집단에서 따돌림을 당하고 있을 거라고 착각을 했다.

"저것 봐. 저 집단의 우두머리야."

마쯔다상이 친절하게 가르쳐주었다. 사회적으로 지탄받는 각성제 판매의 총괄이 지미인 것을. 나는 그간 지미와 숱하게 라면을 먹었고, 지미는 라면값을 내주고 때로 음료수도 사주었다. 그 친절함에 친구 비슷하게 생각하고 있었는데…….

"지미, 하나만 물어봐도 돼?"

"뭔데?"

"너 지금 팔고 있는 거 약이야? 각성제?"

"……응."

"그런데 넌 왜 나한테 팔려고 안 해?"

"친구잖아."

"친구 말고 다른 사람에게는 팔아도 되는 거야?"

"……."

지미는 사회적으로 범법자였다. 엄청난 죄를 짓는 집단의 우두머리가 친구라고 했다. 혼란스러웠다. 앞으로 어떻게 해야 할지, 계속 그곳에서 기타를 쳐야 할지 고민하며 공터에 가지 않았다. 며칠 후, 지미에게 문자가 왔다.
"걱정하지 말고, 와서 기타 쳐."

얼굴이 화끈거렸다. 지미는 내가 무엇을 고민하는지 알고 있었다. 그날 공터에 나가 기타를 치고 지미와 라면을 먹으러 갔다. 분명 주변에 우리를 미행하는 사람이 있을 거라고 생각했다. 일본의 FBI쯤 되는 사람들이 먼발치서 지미와 내가 라면 먹는 모습을 사진 찍고 있을 것이고, 이미 신원 조회며 어느 나라에서 왔고 어느 학교를 다니고 어디에서 살고 어디에서 아르바이트를 하는지 파악하고 있을 거라고 생각했다. 내 일거수일투족이 그들 손안에 이미 들어갔으리라고.

지미는 아무 말이 없었다. 밥을 먹으면서도, 내가 노상 라이브에 오길 꺼린다는 걸 알고 있으면서도 평소와 다름없이 가만히 앉아 있었다.

"우리 셋째 동생이 죽었대……."
"그게 무슨 소리야? 죽다니?"
"미군 오발 사고였대."
"뭐라고? 총에? 지미야, 너 못 가잖아?"
처음으로 민감한 부분을 건드렸다. 지미는 무비자였다.
"비자 없이 나가야 해. 그냥 추방이지 뭐."
"하던 일은?"
"그런데 못 갈 것 같아. 더 벌어야 해, 돈을……."

'못 갈 것 같아'가 귓가에서 맴돌았다. 얼마 전, 한국 식품을 파는 가게에서 일하는 친구가 부친상을 당했음에도 무슨 이유인지 귀국을 하지 않았다. 그는 지인들과 모여 간단히 제사상을 차려놓고 엎드려 절하며 눈물을 흘렸다. 그 역시 비자 없이 일본에서 생활하고 있었다.

"지미, 집에 전화해. 얼른 전화라도 해."

주머니 안에 있던 휴대전화를 꺼내 지미에게 건네주었다. 나는 평소 휴대전화를 좀처럼 쓰지 않았다. 받는 용도이지 웬만하면 전화는 걸지 않았다. 내가 휴대전화를 가지고 있는지 없는지 주위 사람도 모를 정도였다.

지미는 무슨 마음을 먹었는지 1만 엔짜리 지폐 2장을 내게 내밀며 휴대전화를 빌려달라고 했다. 순간 머릿속에 엄청난 전화료가 청구되는 장면이 그려졌다. 그 돈을 충당하려면 한 이틀 아르바이트를 더 해야겠다…….

"괜찮아, 돈은 됐어. 전화 써!"

지미는 고개를 저으며 내 주머니에 2만 엔을 억지로 집어넣었다. 그리고 수많은 전화번호를 휴대전화에 찍었다.

"맘!"

이란에서도 엄마를 맘이라고 부르나 보다. 가슴이 아팠다. 어머니 마음은 어떨 거고, 가지 못하는 지미의 마음은 더욱 아플 테다. 그런 지미가 내 앞에서 눈물을……응? 아니다. 지금껏 보지 못한 함박웃음을 짓고 있었다.

애가 약을 하나? 듣기에 약 파는 범법자는 오히려 약을 안 한다는데, 슬픔에 못 이겨 약을 하나? 지미는 슬슬 웃기까지 했다. 응? 약을 많이 했나? 파는 것도 모자라 약을 한다고 생각하니 어쩐지 그가 세상 끝까지, 갈 때까지 간 것 같았다. 이제 더는 만나기 어려울 것 같았다. 지미와 라면을 먹는 것도, 엉터리 한국 노래를 듣는 것도 어려울 거라고……. 공터에 올 수 없다고 생각하니 조금 서글퍼졌다. 어차피 논문을 써야 하니 아르바이트도 줄일 때였지만 지미와의 즐거웠던 일상이 없어진다고 생각하니 아쉬울 것 없던 소소한 순간들에 강하게 이끌렸다.

"Bye Bye."

전화 끊는 소리가 들렸다. 예상했던 것만큼 오래 통화하지는 않았다. 누가 봐도 2만 엔어치는 아니었다.

"왜 이렇게 빨리 끊었어?"

"바쁘대. 저번에 보내준 돈으로 냉장고 샀대. 한국 거."

"동생은? 동생 일은 어떻게 하신대? 장례는?"

"아, 장례식? 학교 갔다는데?"

"뭔 소리야. 학교를 가다니?"

"전화 빌려줘서 고마워. 거짓말이야. 나 남동생 없어."

거짓말이었다. 매일 자신과 밥을 먹는 친구가 불안해하자 지미가 연극을 한 것이다.

"넌 친구다, 야. 이란까지 전화 요금 비싼데 돈도 안 받고 전화를 빌려주려고 하다니. 내가 말했잖아, 친구라고."
"너 전부 거짓말인 거야? 야! 이 돈 가져가!"
"아니야. 정말로 엄마한테 전화했으니까 전화비 꽤 나올 거야. 그걸로 내."

도대체 뭔지 하나도 모르겠다. 지미에게 놀림을 당한 것 같기는 한데, 껄껄 웃는 얼굴에 대놓고 화를 내기도 뭐했다. 우리가 친구라고 강조하는 지미와 내 주머니에 들어 있는 현금 2만 엔.

"너한테 나쁜 짓 안 할게. 걱정하지 말고 기타 쳐."

내 불안한 마음을 꿰뚫고 있었다. 그의 입장에서 나는 먹는 거, 없는 거, 사는 것만 걱정 안 하면 행복한 사람이었지만 반대로 지미는 먹는 거, 없는 거, 사는 것은 문제없지만 그 외는 형편없는 범법자였다. 지미에게 부탁했다.

"갖고 놀지 마라."
"무서워하지 마라." 곧 대응하는 지미다.

그날 이후 나와 지미는 더욱 까불었다. 지미의 마음도 알았고 그의 아픔도 많이 느낄 수 있었다. 그렇지만 잊히지는 않았다. 그의 두 얼굴은 여전히 마음속에 남았다.

지미는 내게 이란 노래를 기타로 쳐달라고 억지를 부리곤 했다. 음치인 지미에게 나오는 노래로 기타를 칠 수 있는 뮤지션은 아마 악보 못 읽기로 유명한 지금은 고인이 된 지미 헨드릭스밖에 없지 않을까?

내 앞에서 억지를 부리고 떼를 쓰는 지미는 나와 헤어지면 이란인 집단의 우두머리로 변신했다. 그의 한마디에 덩치가 산만 한 이란인들이 일사분란하게 움직이고, 그의 친구라는 이유로 나를 깍듯이 대접했다.

그다음 해, 지미는 비자가 없다는 죄로 출입국관리국에 붙잡혔다. 면회를 가서 만난 그의 모습은 재미있는 지미도 아니고 우두머리 지미도 아니었다. 떨고 있었다.

출입국관리국은 통역 일을 하느라 자주 가봤지만 왠지 그날은 투명한 칸막이가 무척 두껍게 느껴졌다. 조그맣고 단단한 지미가 추위를 타고 있었다. 눈이 빨갛게 충혈된 채 지미는 울고 있었다. 몇 시간을 울고 있었을까. 지미는 나를 보고 또 울기 시작했다.

"왜 떨어! 이란 가면 전화해."

"알았어. 야, 꼭 놀러와."

"응. 걱정하지 말고. 나 이제 라면 누구랑 먹냐!"

"……."

농담이라고 던진 게 '이제 라면 누구랑 먹냐'라니. 조금 심했나 보다. 지미는 그 말을 듣고 엉엉 울었다. 우는 소리가 심하다 싶었는지 감시하는 사람이 이쪽을 보며 우리가 하는 이야기를 자세히 듣고 있었다.

결국 지미는 이란으로 갔다. 그리고 그 후, 지미를 볼 수 없었다. 지미, 어디 살고 있니? 왜 전화 안 하니?

야쿠자 가네무라

공포와 두려움의 떨림을 맛보게 한 야쿠자 가네무라.
그가 내게 준 1만 엔의 의미는 무엇이었을까?

아르바이트가 끝나고 기타를 칠 때면 즐겁게 나의 시간으로 살아 있는 것 같아 기분이 좋았다. 급하게 뭘 하지 않아도 되고 뛰지 않아도 되고, 매뉴얼처럼 손님을 보고 있다가 부르면 "예." 하고 달려가지 않아도 되고, 계산대에서 두 손으로 공손히 돈을 받들고 거스름돈을 주는 그런 정성을 쏟지 않아도 된다.

사람들이 전부 잠들어 있는 시간이다. 흔들리는 영혼은 더욱 흔들리고 싶어 하고, 여름 과일의 상한 냄새가 진동하는 깊은 밤이다. 나의 자유 시간이다.

술취한 내 조국의 언니들이 "어? 한국 사람이네? 뭐 하나 불러줘요." 하고 말하면 부끄러워하지 않고 덤덤히 팁까지 바라며 노래할 수 있는 시간이다.

지미는 내 옆에 앉아 뭔가를 오물거리고, 나는 기타를 쥔 채 씁쓸해서 마시지 않던 오렌지 주스를 입으로 굴리고 코로 김을 빼며 음미하고 있었다.

타케다는 오자키의 노래를 슬프게 부르고 있었다. 타케다는 젊은 나이에 요절한 가수 오자키 유카타의 노래를 마치 그가 환생한 것처럼 똑같이 부르는 재주가 있어서 고정 팬이 많았다. 물론 팁도 상당히 받았다.

스무 살의 젊음과 터질 듯한 에너지를 담은 타케다의 목소리 한편에서 나는 늘 한국 노래만 고집했다. 아는 노래가 그것밖에 없으니까. 지미는 내 노래가 끝나면 엄지 손가락을 올려 최고라고 치켜세웠다.

이곳 공터에서는 서너 명이 밤 시간에 자리를 잡고 암묵의 룰에 따라 저마다 노래를 했다. 타케다 다음은 마쯔다상, 마쯔다상 다음은 니시무라, 니시무라 다음은 내 순서다. 여러 사람이 동시에 노래하는 건 있을 수 없는 일이지만 가끔은 동시에 같은 곡을 불러 팁을 못 줘 안달하는 사람들을 끌어모았다.

지미는 내 순서가 끝나면 타케다에게로 가서 마치 오래전부터 알던 동료인 양 굴었다. "넌 내 스태프잖아?"라고 말하고 싶었지만 대화가 잘 통하지 않아 포기했다.

기타 줄을 가볍게 튕기며 그 울림을 시간과 함께 느끼

며 주위를 보면 이곳에는 흔들리는 영혼이 있고, 마스카라가 떡이 되도록 술에 취한 일본 언니와 집 나온 중년 신사가 있다. 거품경제로 언제 명퇴를 당할지 몰라 괴로움에 술을 마시고 집에 가기 싫은 약한 샐러리맨이 있고, 누가 봐도 '도쿄에 오늘 왔어요!' 광고하듯 신칸센을 탈 돈이 없어 로컬선을 타고 도쿄에 도착한 집 나온 시골 아이가 있다. 사람 보는 게 즐거워 비명이 나올 정도다.
"지미, 중국이게 대만이게 홍콩이게?"
"중국."
"아니, 대만이거든! 你是中国人吗?(중국인인가요?)"
"不是台湾人(아니요. 대만인이요)."
"거봐. 대만이라잖아."

엄지손가락을 치켜든다. 이 정도 중국어는 중국어도 아니다. 어학교 시절부터 들어온 중국어를 합치면 지금쯤 학원에서 가르치고 있을지 모른다. 조금 아까 그들도 아마 중국어가 조금 되는 일본인으로 나를 착각했을지 모른다. 이곳은 그렇게 많은 사람이 지나가고 또 그 자리에 머물기도 한다. 여기는 지나가는 곳이다. 그러나 사람들은 이곳이 마지막이나 되는 듯 울고 마시고 얼굴의 화장이 떡이 되어 지친 듯 하나둘 모여든다. 그런 곳이다.

힘들어하면서도 노랫소리에 발걸음을 멈추고 무심히 듣고 있는 사람들, 뭔가 생각하는 사람들, 손가락 사이에 담배를 끼고 피우는 사람들 그리고 우리에게 젊음을 낭비하고 있다고 일장 설교를 하는 사람들, 사진을 찍는 사람들, 팁을 던져주며 "열심히 해."라고 격려하는 사람들, 유혹하는 사람들, "이 사람 한국 노래해."라고 동네 강아지 부르듯 하며 겨우겨우 경비 마련해 일본 여행 온 사람들, 배고플 때 먹으라고 직접 만든 호떡을 가져다주는 한국 식당 이모들, 뚫어지게 보는 사람들, 사람들.

이런저런 생각을 하는 사이 내 차례가 되어 노래를 부르려는데 지미가 앉은 자리에서 튕기듯 일어나 다른 곳을 향해 달려갔다. 이유도 묻지 못하고 주위를 돌아보는데 이란인 집단이 보이지 않았다. 그들이 기타 치는 우리 주변을 둘러싸고 보호막 비슷한 역할을 한다고 생각했는데 갑자기 모두 사라져버렸다. 이상한 기운이 감돌았다.

"너희 여기서 뭐하나?"

원색의 셔츠, 화려한 양복에 밤인데도 선글라스를 끼고 있었다. 말로만 듣던 야쿠자다! 앞에 나와 있는 세 명 외에도 그 뒤로 족히 30명은 넘어 보였다. 어디서 이렇게 큰 무리가 왔는지. 나는 고개를 숙여 기타만 보고 있었다.

"뭐야, 기타인가? 멋있네. 이봐, 한번 쳐봐."

내가 아니라고 굳게 믿고 싶었다. 잠시 후, 고개를 들어 주위를 보니 흔들리는 영혼도 없고, 마스카라가 떡이 되도록 술에 취한 일본 언니도 없고, 집에 가기 싫어 어깨동

무를 하고 있던 중년의 샐러리맨도 흔적조차 없고 대신 오래전부터 그곳에 있었던 듯한 검은 무리가 보였다. 원색의 셔츠, 화려한 양복, 베르사체풍의 티셔츠를 입고 금장식을 하고 목둘레가 두꺼운 그들이 시선에 꽉 들어찼다. 순간 아무 생각이 나지 않았다. 내 시간이 이렇게 형편없이 뒤틀려 가는구나 체념했다.

"야, 너! 안 들리나?"

한 뼘 사이로 담배 냄새에 찌든 얼굴이 올라왔다.

"기타 한번 쳐보라고 그러시잖아! 빨리 안 해!"

공포를 넘어 오히려 왜 듣고 싶어 하는지 궁금해졌다. 먼발치에 지미가 보였다. 그새 멀리도 도망갔다.

"저 일본인 아닌데요……."

"그럼 뭐야. 조선? 한국?"

"한국인데요."

"오! 그래? 잘됐네. '부산항에 돌아와' 그거 해 봐."

"혹시 '돌아와요 부산항에' 아닌가요?"

"그래그래, 그거."

한국인이라면 한 번은 불러봤을 법한 노래다. 그렇지만 가사도 모르고 어떻게 기타를 쳐야 할지도 몰랐다.

"저, 노래는 아는데 기타는 못 치는데요……."

"하라면 하지, 뭔 잔말이 많아! 하라고, 앙!"

"꽃피~는 동백섬~에……."

무서웠다. 어떻게 코드를 잡고 노래했는지 기억에 없다. 선글라스를 쓴 우두머리인 듯한 사람이 손가락을 까딱이며 박자를 맞추던 장면이 내가 기억하는 전부다.

"잘했어. 껄껄."

결과를 기다리는 학생처럼 가만히 앉아 그의 선글라스에 비친 나를 보고 있었다. 그는 양복 주머니에서 지갑을 꺼내 '외국인 유학생이 스트레스 풀 길 없어 유일하게 시간을 찾아 기뻐서 펼쳐놓은 통'에 1만 엔 지폐를 넣었다. 순간 반사적으로 일어나 그에게 90도로 인사를 했다. 조금 아까 지미가 도망가던 그것과 맞먹는 스피드로.

"난 가네무라다. 힘든 일 있으면 찾아와! 가끔 와서 들을 테니까 수고하고."

그의 말이 떨어지기 무섭게 그 무리는 불개미 대군같이 이중 삼중으로 선글라스로 얼굴을 감싸고 네온사인 속으로 들어갔다. 군중을 가로지르는 그들은 마치 쇠사슬로 연결된 큰 동물 같았다. 그들과 조우한 사람들은 모두 길옆으로 슬슬 피하고 있었다. 내가 저 동물에게 물릴 뻔한 건가? 땀이 콧등을 타고 흘러내렸다.

"괜찮아? 노래 좋았어."

언제 나타났는지 지미가 엄지손가락을 추어올렸다.

"가네무라는 밖에 자주 안 나오는데."

그는 그 근방을 거점으로 활동하는 야쿠자였다.

"좋겠네. 힘든 일 있으면 찾아오라잖아."
타케다가 한 수 거들었다.
"너라면 가겠냐? 난 노래 부른 기억도 안 나."
"잘하던네?" 지미가 또 엄지손가락을 추어올렸다.
"넌 잘도 도망가더라. 어떻게 순식간에 사라지냐?"
"우리는 잡히면 끝이야."
"좋겠다!"

모두의 시선이 돈 통에 집중되었다. 마쯔다상의 기타를 빌릴 때 받은 팁은 반으로 나눠야 했지만 이제 나는 허름한 명품 기타의 오너이니까 그 돈은 100퍼센트 내 것인데, 어떻게 써야 할지 난감했다. 공터 라이브 사상 첫 고액의 팁이고, 무려 '야쿠자 가네무라표' 팁이었다.

도망가느라 땀 흘린 지미가 천연스레 애드리브를 했다.
"라면 먹자."
"돈 안 써."
"왜? 모을 거야? 팁 받은 건 다 쓴다며!"
"바꿨어. 안 해."
"먹자!"

라면집에 갔다. 라면 네 그릇을 시켜 먹고 누가 돈을 내야 할지 머리를 굴렸다.
"지미, 네가 먹으러 가자고 했으니까 돈 내!"
"팁 받았잖아. 가네무라가 사준 라면 좀 먹어보자."

"나 요즘 힘들어."

마쯔다상과 타케다는 얌전히 앉아 있으면 얻어먹겠거니 생각하는 것 같았다.

"각자 내!"

결국 라면값을 각자 계산하고, 나는 1만 엔 지폐를 꾸기지도 않고 집으로 가져와 한참 들여다봤다.

"나, 팁 1만 엔 받았다."

CP가 내 쪽을 쳐다보며 물었다.

"누구한테? 어떤 정신 나간 녀석이 1만 엔을 주냐?"

"들으면 놀랄걸? 가네무라가 주더라."

"야쿠자 가네무라? 이제 거기 가지 마. 그게 상책이다. "

"왜?"

"야쿠자잖아. 교포이긴 해도. 가지 말라면 가지 마."

CP는 제 말만 하고 누웠다. '가네무라'는 재일 교포로, 한국인이 운영하는 가게를 관리한다고 했다. 처음이자 마지막으로 만난 야쿠자 '가네무라'의 팁 1만 엔.

공포와 두려움의 떨림을 맛보게 한 야쿠자 가네무라. 선글라스와 하얀 양복을 차려입은 그가 건네준 1만 엔의 의미는 뭘까? 돈이 많아서 1만 엔? 학생이라 불쌍해서 1만 엔? 한국 사람이라 1만 엔? 부하들 앞이라 1만 엔? 노래에 감동해서 1만 엔?(말도 안 된다!) 왠지 그냥 '한국 사람이라서'로 하고 싶다. 그냥 그렇다, 그곳은. 🔒

에미상 DV

에미상이 멋쩍게 웃어보였다. 립스틱을 바른 줄 알았던
빨간 입술에 피멍이 들어 있다. 앞니도 빠져 있고...
남편 짓이다.

'때릴 만하니까 폭력을 휘두른다. 맞을 만하니까 맞는다.'
사람들은 뻔뻔스럽게 잘도 이렇게 말한다. 사과를 하고
돈을 주고받고, 맞는 것 따위는 돈만 주면 어떻게든 보상
이 된다고 믿는 사람도 있다. 반면 원수를 갚으려고 자신
의 성장기와 사춘기를 다 버리고 복수에 일생을 바치는
사람도 있다. 폭력은 폭력을 부르고 원수는 원수를 낳는
다고 당하는 쪽과 행하는 자 반드시 어느 쪽은 억울하기
마련이다. 아니면 똑같거나.

사랑 따위는 애초에 없다. 있었다 해도 사랑은 증오로,
미움으로 진화하며 폭력이 시작된다. 혹자는 사랑을 폭
력으로 승화시켜 미화하기도 한다. 간혹 세계는 사랑하기

에 폭력을 휘두른다고 하지만 어찌했든 사랑이란 아름다움은 간혹 폭력을 부르기도 한다. 때리지 말라고 그렇게 이야기하는데도 말이다.

에미라는 이름의 여자는 필리핀 사람이다. 넷이서 먹던 라면을 에미까지 다섯이서 먹게 되었다. 지미의 여자친구라고 착각을 하고 3개월이 지날 무렵 지미에게 물었다.

"지미, 너 여자친구 안 보인다?"

"누구?"

"여자친구!"

"아, 에미상?"

"아, 에미라고 불러? 요즘 안 보이네?"

"그러게."

"그러게? 뭔 소리야. 네 여자친구 아니야?"

"아니야. 에미상 결혼했는데? 일본 사람하고."

"그래? 난 여태껏 네 여자친구인 줄 알았어."

"어? 너도 느꼈냐? 나를 좋아하는 거 같더라고."

"야! 이란 가! 빨리 가, 어서 가!"

지미의 말에 의하면 에미상은 일본인과 결혼 후 쇼와도리 쪽에 살고 있다고 했다. 그녀는 우리가 노래를 부르는 공터에 언제부터인가 얼굴을 보이기 시작해 3개월 전부터는 정확히 정해진 시간에 나타났다. 거의 매일같이 오는 에미상이 갑자기 안 보여 궁금해졌다.

에미상은 필리핀 사람들의 일반적인 모습과는 달랐다. 조그맣고 오뚝한 콧날과 큰 눈, 자그마한 체구라 인도 미인을 작게 만들어놓은 미니어처 같았다. 스페인과 필리핀 혼혈이었고 스페인어, 영어, 타갈로그어, 일본어 4개 국어를 자유롭게 구사했다.

겨울이 지나 축축한 봄 냄새가 나는 공터 화단에 조그만 여자아이가 상당히 세련된 자세로 앉아 담배를 피우고 있었다. 우리는 그전에 지역 경찰에게 공터에 쓰레기를 버리는 것과 음주 행위에 대해 주의를 받은 터라 혹여 주변 사람이 그런 행동을 하지 않는지 눈여겨보고 있었다. 만약 무섭게 생긴 사람이 담배를 피우고 꽁초를 버리면 그냥 지켜보고 있다가 우리가 가서 주웠고(정확히는 지미에게 줍게 했다. 지미는 자기는 약을 파는 범죄를 하면서 쓰레기가 바닥에 나뒹구는 건 못 참았다) 여자들이 담배를 피우면 주의를 주었다(약한 인간들이다).

"Hi. No smoking this……."

"아, 미안해요. 꽁초는 안 버릴 테니까 걱정 마세요. 담배 연기가 방해된다면 안 피울게요."

상당한 수준의 유창한 일본어를 구사했다. 외국인이라고 생각해서인지 갑자기 허를 찔린 기분이었다. 잠시 사고영역을 담당하는 뇌가 반응을 하지 못한 찰나 에미상이 오히려 나를 외국인 취급했다(물론 외국인이지만).

"아, 일본어 몰라요?"

순간 정신이 번쩍 들었다.

"아, 아닙니다. 일본어 잘하시네요."

에미상과 처음 이야기한 날이다.

그녀는 노래를 좋아했다. 일본 노래를 하는 1970년대 유행하던 포크송을 부르는 마쯔다상 옆에 한 번, 오자키의 절규하는 노래만 부르는 타케다 옆에 한 번, 한국 노래를 부르는 내 옆에는 한 번도 오지 않았다.

정말 가뭄에 콩 나듯이 부르는 익스트림의 노래를 할 때 비로소 내 앞으로 와서 지미와 이야기를 했다. 웃으며 고개를 뒤로 젖힐 때 늘어진 긴 머리가 찰랑일 때마다 그녀가 지미의 여자라고 생각했다. 두 사람은 동시에 공터에 나타나기도 하고, 동시에 없어지기도 했기 때문에. 아니면 지미의 고객 중 한 명이거나.

오랫동안 소나기가 내려 곧 홍수가 날지도 모른다고 지미가 떠들어대던 그날 저녁, 에미상이 다시 나타났다.

"야, 지미. 저기 너 여자친구다."

"어, 정말이네?"

지미가 반갑게 에미상에게 다가갔다. 그녀의 모습은 평소와 조금 달라져 있었다. 큼지막한 선글라스 너머로 왼쪽 눈두덩에 퍼런 멍 자국이 보였다. 누군가에게 맞지 않고서는 저렇게 멍이 있을 리 없었다. 무슨 일인가? 왜 맞아야 했을까? 혹시 누가 지나가다 때리고 도망간 건 아닌가? 토오리마 사건? 당시 일본에는 아무 이유 없이 지나가는 사람을 무차별 공격하는 범죄가 늘고 있었다.

캄캄한 밤에 선글라스를 쓰고도 가려지지 않는 상처가 무척 심각해 보였다. 분명 가해자가 있다. 머릿속으로 별별 생각이 스쳐갔다.

"오늘 끝나고 라면 먹자!"

지미가 말을 꺼냈다.

"돈 없지? 알아. 에미상이 여러분에게 라면 사겠답니다."

"아, 정말 배고픈데 잘됐다."

노래를 하고 있던 마쯔다상은 라면 이야기를 듣고 간다가와(神田川)를 더욱 구성지게 불렀다. 아마 라면집에서 마실 사케 생각에 그러는 것이다.

"매일 사케 마시면 어떻게 해요? 몸에 안 좋잖아요?"

"괜찮아! 쌀로 만든 순곡주라 오히려 몸에 좋아."

마쯔다상이 볼록 튀어나온 술배를 손바닥으로 문질렀다. '간다가와'는 마쯔다상의 18번이었다. 노래 가사에 취해 젊은 시절 만난 그녀를 떠올리고 있을 것이다. 그는 늘 그렇게 이 노래를 부른다고 했다. 그는 '간다가와'가 자신의 젊은 시절의 전부라고 자주 이야기했다. 우리는 마쯔다상이 젊은 시절에 무엇을 했으며 원래 직업은 뭐였는지 아는 게 하나도 없었다.

라면을 먹으러 갔다. 늘 가는 단골집이지만 오늘은 다섯 명이었다. 라면집 점장이 "냄새나는 남자들 사이에 오늘은 꽃이 피었네."라며 군만두를 서비스로 주었다.

"일본 사람 아니었어?"

"네……."

"정말 한국 사람이야? 외국인등록증 보여줘 봐."

"아, 정말이네. 7년 전에 오빠가 한국에 한 번 갔었어."

나와 상관없는 이야기다. 빨리 라면이 나오기를 바랄 뿐이다. 주방 저쪽에서는 '모쯔니'를 만드는 모양이었다. 내게 모쯔니는 "지금부터 라면 먹을 거니까 준비해요."라는 준비운동 단계의 음식이다. 파블로프의 개처럼 그 음식은 라면을 먹기 전의 의식 혹은 통관 의례 같은 것이었다. 가게 안이 온통 '모쯔니' 냄새로 충만했다.

"이 상처 궁금해?"

식욕을 돋우는 질문도 아니었고, 왜 하필 지금 그런 소리를 꺼내는지 도통 알 수 없었다.

"남편에게 맞았지. 내 나라로 돌아가래. 바람이 났어."

"……."

"그래도 괜찮아. 이번에는 나도 그 녀석 머리를 후려갈겼으니까. 거기 두 사람! 일본 사람이지? 괜찮아. 내 남편 아니니까 겁먹을 거 없어."

좋아하는 '모쯔니'도, 지금부터 먹어야 할 라면도 단번에 식욕이 떨어지게 만드는 이야기였다. 마쯔다상이 자리에서 일어나 카운터로 향했다. 그는 조그만 병에 든 사케를 사왔다. 자기 혼자 마실 거라 제 돈으로 사겠다더니 정말 한 개의 잔에 사케를 따라 한 번에 털어 넣었다. 길고 길었다. 라면 5개가 나오기까지의 시간이.

"하이! 오래 기다리셨습니다."

기다렸다는 듯 "잘 먹겠습니다."를 외치고 라면을 향해 머리를 숙이는데 "잘들 먹어."라는 라면집 사장의 목소리가 뒤통수에 와 박혔다. 우리는 아무 말없이 라면을 먹었다. 다 먹고 나서도 서로 눈을 마주치지 않고 저마다 할 일을 했다. 그때 지미가 어색한 분위기를 깨고 말했다.

"가라오케 가자."

"지금 가고 싶겠니? 몇 시간이고 그렇게 노래했는데."

"드라이브 갈래?"

"지미야, 차 있니?"

"있어! 있다니까!"

"너 면허도 없잖아!"

"아니, 야간 버스 타고 가는 거야. 어때?"

"나 내일 수업 있잖아."

내 말이 끝나자마자 에미상이 물었다.

"너 학생이었어?"

"네……."

"그래? 그럼 생활은? 집에서 돈은 오니?"
"……저 혼자 하는데요."
"그래?"

대수롭지 않게 흘리듯 듣던 에미상은 그 저녁에 지미, 마쯔다상, 타케다와 야간 버스를 타고 드라이브를 갔다.
"지미야 어땠어? 야간 버스 드라이브."
"재밌었어. 타케다, 마쯔다상, 나 바다에 오줌 쌌어."
"뭐? 에미상은?"
"그냥 저쪽에 앉아서 보고 있었어."

안 봐도 뻔했다. 바닷가에 도착해서 마쯔다상의 권유로 다 같이 몸에 좋은 사케를 마셨을 것이다. 그리고 세 남자는 바다에 대놓고 신체검사를 했을 것이다.

정말 재미있었을까? 정말 재미있어서 '재미있었어'를 강조하는 걸까? 같이 못 어울릴 때마다 지미는 "봐라. 얼마나 재미있냐."라고 은근슬쩍 신경 긁는 소리를 했다.

그다음 날부터 에미상은 또 안 보이기 시작했다. 숨이 턱턱 막히고 청바지가 몸에 감기는 여름이 되었다. 세탁기에서 막 꺼낸 게 무색할 만큼 청바지는 금세 땀에 절어 냄새를 풍겼다. 기타를 잡은 오른손이 손목까지 땀으로 번들거렸다. 혹시 나의 중고 명품 기타에 땀이 배어 소금기를 머금으면 어쩌나 아주 조금 걱정했지만 사실 그런 생각을 할 여유가 없을 만큼 더웠다. 땀을 닦아낼수록 더욱 몸이 끈적였다. 등받이로 쓰는 화단은 온종일 태양열을 받아 찜질돌이 되었다. 여름 과일이 부패한 냄새, 음료 찌꺼기가 말라붙은 냄새가 주위를 둘러싸고 있었다.

"오랜만이야."

에미상이 왔다. 모두 그녀를 반겼다.

"어떻게 된 거예요? 드라이브 후로 오지 않더니."

에미상은 흰 바지와 마 소재의 셔츠를 멋스럽게 입고 있었다. 얼핏 잘못 보면 갓 시골에서 올라온 사람 같았지만 잘 보면 영락없는 유럽 어느 나라의 부잣집 딸이었다.

"오늘 또 라면 먹는 거야?"

지미는 다 같이 하는 게 좋은 듯 얼른 라면을 먹으러 가자고 했다.

"오늘은 내가 못 갈 것 같아……."

에미상이 멋쩍게 웃어보였다. 립스틱을 바른 줄 알았던 빨간 입술에 피멍이 들어 있었다. 앞니도 빠져 있다. 남편 짓이다.

"잠깐 기절했던 모양이야. 일어나 보니 이렇게……."

폭력을 휘두르는 자체가 이해되지 않았지만 주먹으로 이빨을 부러뜨린다는 건 더더욱 이해할 수 없었다. 에미상은 보란 듯이 부러진 치아를 보여주었다. 라면을 먹을 때가 아니었다. 병원을 가야 했다. 그럼에도 에미상은 라면집에 가자고 했다. 못 갈 것 같다고 했으면서 다시 라면을 먹으러 가자고 했다.

 누가 먼저라고 할 것 없이 같은 라면과 같은 모쯔니와 군만두를 시켰다. 같은 사케 잔을 똑같이 채우고 같은 안주와 함께 같이 마셨다. 그렇게 라면 다섯 그릇과 모쯔니 다섯 개와 사케 다섯 병은 에미상의 영수증에 $5 \times 5 \times 5$로 찍혔다. 매 맞는 외국인 신부 에미상, 그녀와의 만남은 그날이 마지막이었다. 지미도 마쯔다상도 타케다도 나도 그 후로 그녀를 한 번도 만나지 못했다. 🔒

보일러실의 카메라

동물적인 감 같은 게 내게도 있었던 것 같다.
······나쁜 예감은 여지없이 들어맞는다.

계절과 시간은 거스를 수 없다는 신의 섭리를 보란 듯 거부하고 자신이 가지고 태어난 모든 걸 부정하는 사람. 하라는 일은 하지 않고 쓸데없는 데 시간을 낭비하며 매일의 생활을 반성하면서도 어쩔 수 없는 흔들림에 주어진 삶을 역행하고 끝내 사랑을 한다. 어떻게 해서든 무리해서라도 사랑의 욕심을 채우려는 그런 사람을 본 것 같다.

몸이 천근만근 피곤했다. 잠을 충분히 못 자고 잘 먹지도 못하는데 버티는 게 희한할 만큼 감성적인 여유는 없었다. 그냥저냥 살아야 하기에 내일은 학교에서 하루를 보내야 했다.

아르바이트를 마치고 기숙사로 돌아가 방문을 여는데

손잡이에 뭔가 걸려 있었다. 리쨩이 왔다 갔나 생각했다. 그전에도 내가 없을 때 집에 와서 문손잡이에 먹을 것을 걸어놓고 간 적이 있었다.

내 예상이 빗나갔다. 즉석카메라로 찍은 폴라로이드 사진이다. 누구인지는 모르겠지만 실오라기 하나 걸치지 않은 여자의 알몸 사진이었다. 참 일본스러운 장난이라고 생각했다. 대수롭지 않게 넘기고 지나갔는데 며칠 후에 또 같은 종류의 사진이 방문 손잡이에 걸려 있었다. 이번에는 남자의 알몸이었다. 불쾌했다. 반복된 일인만큼 조금 경계해야 한다고 생각했다. CCTV가 있는 것도 아니라 대체 누가 그런 장난을 했는지 찾을 수 없었다.

그 후, 한 달이 지날 즈음 방문 손잡이에 또 사진이 걸렸다. 스무 살 정도 되는 남자의 알몸 사진이었다. 뒷면에는 메시지가 적혀 있었다. 잘 살고 있는 보통 사람의 생활 리듬을 송두리째 흔드는 충격적인 문구였다.

"도저히 못 잊겠습니다. 괜찮다면 사귀고 싶습니다."

사귄다? 내가 좋다고 하면 이 아이는 나와 사귀게 되는 건가? 장난이 아닌가 생각했지만 내 주변에는 그런 장난을 칠 만한 사람이 없었다. 이렇게 몇 개월에 걸쳐 장난칠 여유를 가진 사람도 없었다. 잠깐 리쨩이 떠올랐지만 이런 추한 장난을 할 사람은 아니었다. 그리고 4번째 사진이 왔다. 이번에는 자신의 얼굴과 전화번호를 드러냈다.

A군? A양? 그 사람은 아마도 내가 사는 곳 근처에서 자취를 하는 전문학교 학생인 것 같았다. 장난일 것이라는 생각이 지배적이었지만 그날 이후 주변 사람을 주의 깊게 살피게 되었다. 인상착의가 비슷한 사람을 몇 번인가 지나친 적이 있는 듯했지만…….

조금은 무섭기도 했다. 사실 무서웠다. 외출을 하거나 학교에 갈 때, 아르바이트에 갈 때 문단속을 철저히 하고 주변 지인에게 기숙사 근처에 오면 이상한 사람이 없는지 살펴달라고 다짐을 받아놓았다.

그렇게 또 시간이 흘러 아무 일도 없었던 것처럼 기억이 희미해질 무렵, 학교 가는 길에 매일 마주치는 사람이 있었다. 그는 늘 같은 자리에 서서 눈으로 나를 쫓고 있었다. 직감으로 혹시 그가 A군이 아닌가 싶었다.

그리고 어느 날, 누군가 방문에 스카치테이프로 덕지덕지 편지를 붙여두고 갔다. 장장 14장의 장문의 글이었다. 사랑하는 연인 사이에도 14장의 편지를 쓰는 건 무리일 텐데. 그 내용은 간단했다.

"사랑합니다."

편지를 읽는데 다리가 후들거렸다. 사랑 고백을 받는 장면을 상상하니 참으로 가관이었다. 별의별 상황이 머릿속을 휘저으며, 뭔가 행동하지 않으면 안 되겠다는 생각이 들었다. 편지 말미에는 "허락을 해준다면 잘 입고 다니는 흰색 티셔츠를 입어주세요."라고 적혀 있었다.

언젠가 지인에게 들은 적이 있었다. 남자의 구애가 더욱 질긴 법이라고, 무참히 잘라야 한다고 말이다. 그다음 날, 깔끔하게 검은색 티셔츠를 챙겨 입고 집을 나섰다.

어김없이 A군이 서 있었다. 헤어밴드를 하고, 얼굴에는 뽀얗게 파운데이션을 바르고, 눈 화장도 빠트리지 않았다. 무력감이 전신을 휘감으며 등에서 식은땀이 흘렀다.

"이거 보낸 거 너지?"

이상하리만큼 좀 전의 무력감이 사라지고 태도가 냉정해졌다. 당연한 의연함이었다.

"예……."

"너 재수 학원에 다니지? 다음부터 보내지 마라. 또 그러면 네 부모님이나 학원 사무실에 알릴 거니까 그렇게 알고."

"저……."

"뭐?"

"괜찮으시다면 친구라도……."

"일없다. 나 외국인인 거 알지? 남자 싫다. 이러지 마."

A군의 태도와 말투로 보아 그는 남자의 성적 특징이 극도로 지워져 있었다. 사람들이 이야기하는 병적인 증상일지 모른다고 생각했다. 남자를 좋아하다니…….

그 이후, 그는 편지와 사진을 보내지 않았다. 그날 그렇게 행동하기를 정말 잘했다고 생각했다. 그런 트러블은 애초에 잘라내는 것만큼 좋은 방법이 없다고 생각하니 초기에 잘 진압했다는 생각이 들었다. 몇 달이 지났을까? A군은 다른 남자를 찾았던 것 같다.

내가 살던 일본어 학교 기숙사는 재수생 학원 기숙사와 공동으로 썼기에 일본인 재수생과 외국인 강사, 외국인 유학생이 뒤섞여 생활하는 곳이었다.

나는 일본어 학교 일을 보고 있었기에 편의를 봐줘 이곳의 로열층인 방을 차지하고 있었다. 기숙사 옆에 같은 높이의 학원 건물이 있어, 내 방에서 옆 건물 보일러실이 훤히 들여다보이고 소음이 시끄러웠지만 햇살이 잘 들고 무엇보다 방값이 쌌다. 이 방을 원하는 사람들이 많아 방이 빠지기가 무섭게 채워지는 곳이었다. 나는 이 방에 들어오기 전에는 몇 년간 해가 들지 않는 곳에 살았던지라 커튼을 떼어내고 큰 창문과 햇빛을 위로 삼아 방에 들어오면 최대한 편안한 복장으로 지내고 있었다. 창가에 앉아 책을 읽거나, 하늘을 보며 도시락을 먹거나, 엎드려 잠을 자거나 잠깐의 휴식을 만끽했다. 가난한 고학생에게는 최고의 조건인 방이었다.

동물적인 감각, 야생의 감 같은 게 내게도 있었던 것 같다. 왠지 방에 들어가면 누군가 엿보고 있는 것 같고, 누가 나를 만지고 있는 것 같은 느낌이 들었다. 나쁜 예감

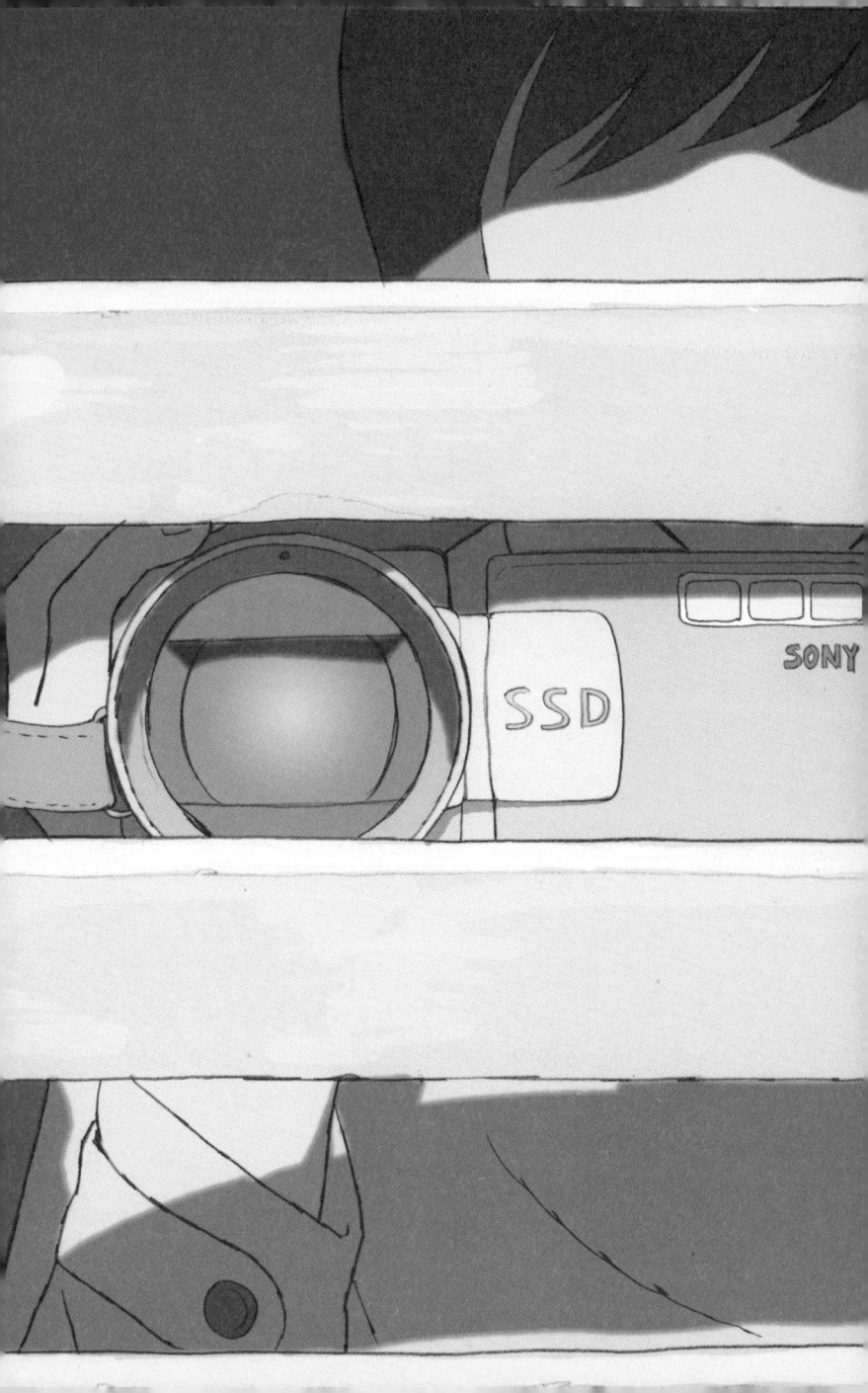

은 여지없이 들어맞는다.

옆 건물은 재수 학원으로 유명한 건물이고 하루에도 수백 명이 출입했다. 그 건물의 보일러실은 겨울철에나 직원이 한번 올까 말까 하는 그런 곳이었다. 그 기계뿐인 곳에 사람의 인기척이 느껴지기 시작했다. 정확히 말하면 캄캄한 밤에 어렴풋이 사람의 그림자가 보였다. 이상한 불빛이 내 방 창문을 향해 깜박이고 있었다.

일요일 오후에도 사람의 그림자가 비쳤다. 보일러실 점검이거나 독서실 자율 학습을 마친 학생들이 담배를 피우고 있겠거니 했지만 그 건물은 일요일은 휴관이었다. 신경이 쓰여 굵은 파이프 한편으로 눈을 돌리자 어떤 눈과 마주쳤다. 사람이다!

분명히 눈이 마주쳤다. 보일러실 파이프 시설물이 얽혀 내 쪽에서 자기가 안 보일 거라 안심하고 있는 듯했지만 분명 눈과 눈이 마주쳤다. 그 눈은 어둠 속에서 깜빡이지 않고 내 방 창문을 보고 있었다. 내게 걸린 걸 알아차린 것 같았다.

그렇게 10분을 마주 봤다. 둘 다 꼼짝하지 않았다. 맹수가 먹이를 발견한다면 먹이의 입장에서는 맹수의 눈을 볼 수밖에 없다. 나도 마찬가지로 그 눈을 주시하고 있었다. 그 눈에 초점을 맞추고 창문을 열어 소리쳤다.

"거기 꼼짝 말고 있어. 다 보고 있었으니까!"

옆 건물 보일러실까지 가는 데 5분. 그사이 그 눈은 분명 도망가고 없을 것이다. 저 건물은 도망갈 곳도 많다. 관리실에 전화를 걸어 설명할 필요도 없다. 그 눈은 여전히 나를 주시하고 있다.

 몸을 일으켰다. 옆 건물로 뛰어내릴 생각이었다. 내 방은 6층이다. 건물과 건물 사이는 어른 보폭으로 한 걸음 정도다. 간격은 그리 멀지 않지만 만약 아래로 추락한다면 잠깐 아픈 것만으로 끝나지 않을 상처가 생길 것이다. 그렇지만 지금 가지 않으면 그 눈을 잡을 수 없을 것이다. 지금, 널 만나러 간다.

"이봐!"

 틀림없는 사람이다. 그 눈의 주인공은 굵은 빨간색 파이프와 시설물이 얼기설기 얽힌 틈에 서 있었다. A군이었다. 그는 비디오카메라를 들고 있었다.

"줘."

"그런 거 아니에요. 정말 그런 거 아니라니까요."

 목소리가 가늘었다. 얼핏 들으면 여자 목소리 같았다. 삼각대가 움직이지 않게 시설물에 단단히 고정해놓고, 손에 비디오카메라를 쥐고 테이프로 감싸놓았다. A군에게서 카메라를 빼앗아 확인했다. 비디오테이프 겉에 하트 모양의 스티커가 붙어 있고, 120분 분량의 내용은 아침부터 저녁까지 내가 방에 있는 시간 전부가 담겨 있었다.

나는 지금껏 참아온 슬픔과 피곤함과 분노와 창피함을 A군에게 모조리 쏟아냈다. 한번에 퍼부은 그 모든 감정을 받아낸 A군은 울고 있었다.

나는 재수생을 담당하는 과장에게 가서 그간의 자초지종을 설명하고 테이프를 보여준 뒤 앞으로 어떻게 해야 할지 의논했다. 명백한 범법 행위이고 움직일 수 없는 증거가 있었다. 학원장이 찾아와 내게 머리를 조아리며 제발 조용히 끝내달라는 둥, 잘 타이르겠다는 둥 이런저런 말을 늘어놨지만 그건 단지 학원을 신경 쓴 것이지 그다지 설득력 있는 '사과'는 아니었다.

그날 저녁, A군의 부모가 내 앞에 와서 무릎을 꿇었다. 부모는 둘 다 의사로, 유복한 가정에서 태어난 아이가 자라면서 이렇게 섭리를 역행하게 될 줄 몰랐다며 제발 용서해 달라고 했다. A군의 행동은 부모의 무관심도 악행 탓도 아닌 그저 남자를 좋아해서였다. 그 사실이 이해되지 않았고, 그 부모는 오죽할까 싶었다.

A군은 그렇게 재수 학원을 떠났고, 방 건너 보일러실에는 크고 긴 가리개가 씌워졌다. 누군가 나를 훔쳐보기에 응징을 한 것인데 그 대가로 햇살이 눈부시던 방이 칙칙한 가리개가 보이는 방이 되어버렸다. 따듯한 햇볕을 구하기 위해 숱한 경쟁자를 물리치고 이 방을 차지했건만 결국 캄캄하고 하늘이 안 보이는 방이 되돌아왔다. 🔒

요르단, 자빌

자빌리즘 : 돈이면 다 되는 줄 알았는데 신부 도망감.
허세 작렬! 금딱지 시계 주의!

초등학생 때 12색 물감을 가지고 있었다. 그로부터 1년이 지날 즈음 24색 물감이 나왔다. 세상은 다양한 색으로 보여지는데 왜 물감은 24색으로 정해져 있는지 의아했었다. 24색 이상으로 물감을 출시하지 않는 물감회사와 세상을 원망하기도 했다. 건방진 초등학생이었다. 미술에 재능이 있지도 않았건만. 그때는 돈이 있으면 24색 이상의 물감을 살 수 있다는 걸 알지 못했다.

대개 사람은 살아가면서 깨닫는 것, 경험하면서 느끼는 것에 큰 영향을 받지만 반면 하나도 바뀌지 않는 사람도 있다. 아랍 왕자 자빌이 그런 사람이다.

그는 아랍인 특유의 부리부리한 눈과 초콜릿색 피부와

잘 빗어 넘긴 숱 없는 기름진 머리가 특징이었고 손목에 금빛 시계를 차고 있었다.

유럽권, 아시아, 동남아시아권, 미국, 코트디브아르에서 온 웬만한 유학생은 전부 알고 있었는데 그는 처음 보는 얼굴이었다. 유학생 담당에게 자빌을 소개받았다.

"요르단에서 온 자빌이야. 오늘부터 우리 학교에서 공부할 거다. 아마 너보다 어리지? 잘 부탁할게."

나보다 어리다는 데 무척 놀랐다. 그는 마치 어린 시절이 없었던 사람 같았다. 콧수염을 기르고 있고, 배는 꿀단지같이 튀어나와 있고, 탈모가 진행 중인지 머리 중앙이 훤히 드러났고, 향수 냄새가 지독했다.

"Nice to……."
"얘, 일본어 못해요?"
"응, 어제 막 왔어."
"수업은 어떻게 들어요?"
"국비 유학생이라 아마도……."

요르단에서 파견된 자빌은 국비 유학생이었다. 그런데도 일본어를 한마디도 못했다.

"혹시 얘 비행기 잘못 탄 거 아니에요?"
"너도 옛날에 일본어 못했잖아! 비행기 잘못 타서 힘들다고 케이시랑 던에게 소개하고 같이 재미있게 지내. 1년만 있으면 가니까, 금방이야. 기숙사까지 부탁한다."

자빌은 짐이 든 슈트케이스 2개를 옆에 두고 기숙사에 안내할 나를 기다리고 있었다. 사람마다 다르지만 대개 유학생은 짐을 최소화하고 간소화시키는 경향이 있는데 자빌은 내 몸만 한 슈트케이스를 2개나 가지고 왔다. 그 혼자 케이스 2개를 들 수 있을 거라고 예상하는 사람은 아무도 없었다. 물론 내가 둘 중 하나를 들어야겠지만.

기숙사까지는 걸어서 20분이 걸렸다. 찜통더위에 무거운 슈트케이스를 끌 생각에 까마득했다. 케이스는 자체 무게만으로 바퀴가 헛돌고 끄는 내내 비명을 질렀다.

"Hey, Taxi!"

자빌의 기질을 처음 발견한 순간이었다. 꼼짝없이 슈트케이스를 들어야 한다는 각오와 피곤함이 교차하는 시점에 자빌이 택시를 불러세웠다. 짐을 싣고 차에 오르자 자빌은 내게 택시 운전사에게 행선지를 말하라고 턱짓을 했다. 분명 동생이라고 했는데, 어리다고 했는데 하는 행동을 보면 은근히 형이다.

택시가 기숙사에 도착하자 자빌은 두툼한 지갑을 열어 택시비를 내고 운전사에게 1,000엔짜리 지폐를 건넸다.

"Tip."

외국인이다! 팁이라고 주는 1,000엔짜리 지폐를 보던 운전사와 내 눈이 마주쳤다.

"Thank to……."

"받아두세요. 부자인 것 같아요."

운전사에게 퉁명스레 내뱉고, 나는 자빌의 짐을 그가 앞으로 생활할 방 앞까지 가져다주었다.

마침 옆방 이웃이 될 케이시와 던이 새로운 유학생이 온다는 소리를 듣고 밖에 나와 있었다. 케이시와 던에게 자빌을 소개하자 서로 인사를 나누었다. 오후 수업 시간이 되어 케이시와 던에게 자빌을 방에 잘 넣어주라고 이야기하고 가려는 순간 자빌이 나를 불렀다.

"Hey, thank you. Tip!"

케이시와 던은 나를 보고 있었다. 마치 "너 지금 아르바이트한 거야?"라고 하는 듯한 눈빛이었다. 꼿꼿이 나를 향해 있는 1,000엔짜리 지폐를 한 치의 망설임 없이 잡아채고 뒤를 돌았다.

"Thank you. 케이시, 난 아르바이트 아니라고 말해줘. 그리고 1,000엔은 잘 쓰겠다고 전해줘."

케이시는 곧바로 자빌에게 영어로 통역을 했다. 분명히 이렇게 말했음에 틀림없다. 케이시는 내 친구니까.

"요르단에서 온 자빌이라고 했지? 난 미국에서 온 케이시야. 지금 네가 한 행동은 일본에는 없는 거란다. 그리고 저 친구는 아르바이트가 아니라 우리 과 유학생이고 내 옆방에 살아. 너 지금 저 친구에게 실수한 거야."

내 예상이 맞았다. 자빌은 내가 듣게끔 크게 소리쳤다.

"So sorry."

"괜찮아, 괜찮아. 1,000엔 벌었잖아."

자빌과 나는 이렇게 만났다.

그는 학생이라기보다 정부에서 파견 나온 공무원같이 행동했다. 적어도 내 눈에는 그렇게 보였다. 주변 유학생들은 선불 전화 카드로 고향에 있는 가족에게 안부를 전했지만 자빌은 유일하게 휴대전화를 구입해 1시간이고 2시간이고 전화 통화를 했다. 목에 가시가 걸린 채 말하는 사람처럼(뺑쟁이 폴은 아랍어를 이렇게 표현했다).

기숙사 로비에 여학생이나 남학생이나 편하게 널브러져 있다가도 자빌이 전화 통화를 시작하면 각자 방으로 돌아가는 것은 시간문제였으며, 자빌은 자국 대사관에 학교에 이슬람 기도실을 마련해달라고 강력히 주장해 말레이시아 유학생들과 같이 기도를 했으며, 영어로만 진행되는 수업이 없다는 이유로 수업을 거부하기 태반이었고, 유학생들이 모여 간단한 음식을 먹는 교류회에 참석해서는 손으로 음식을 먹고 손 씻을 물을 달라고 요구해 빈축을 샀으며, 진한 향수 냄새 때문에 학생 식당에서 자빌의 옆자리에 앉는 사람은 외국인인 우리뿐이었고, 자빌은 캠퍼스를 걷다가 경비 아저씨에게 자주 불심검문을 당했고, 갓 입학한 1학년에게는 외국인 교수님으로 오인당해 인사를 받기에 이르렀다.

"일본인들은 예의가 있어."

"자빌, 네 착각이 예의가 있어."

자빌은 '요르단 왕자'다, '왕족 출신'이다, 유명한 '석유 왕의 아들'이다 등 그에 대한 무수한 소문이 캠퍼스 내에 돌고 있었다. 그럼에도 그는 소문에 아랑곳하지 않고 일관된 행동을 보였다. 요르단, 아랍 쪽 사람은 전부 그런가 싶었다. 만약 자빌이 정말 왕족 출신이라면 그 같은 행동이 당연하다고 생각했다. 그렇지만 자빌은 사람을 불편하게 하고 있었다.

기숙사 로비에서 자빌이 의외의 고민을 가지고 있다는 것을 알았다. 케이시와 대화하는 걸 듣고 알게 된 것이지만 자빌은 요르단은 남존여비가 아직도 심하다면서 슬슬 결혼을 해야겠다고 말했다. 뜬금없이 웬 결혼이냐고 물으니 "외롭다."라고 한마디로 표현했다. 사랑이 아니라 외롭다는 이유로 결혼을 하려는 자빌을 보며 그 나라의 여성들이 받고 있는 사회적 지위가 쉽게 이해가 되었다.

일본에 온 지 6개월이 지나 자빌은 갑작스레 요르단으로 귀국했다. 학교에서도 기숙사에서도 보이지 않았다. 피곤하고 견디기 힘들어 도망갔다는 등 여러 추측이 난무했지만 자빌이 도망칠 이유는 하나도 없었다.

유학생 담당에게 자빌에 대해 물으니 요르단에서 결혼을 하고 신부와 다시 온다고 했다. 외롭다는 말이 결혼으로 이어졌고 자빌은 정말로 신부를 데리고 왔다.

자빌의 얼마 없는 머리는 5 대 5로 갈라져 있고, 검은 코밑수염은 더욱 얇아져 선을 그리고 있었다. 신부는 히잡을 쓰고 다녔는데 학교에서 자빌과 함께 지나가는 모습을 본 게 전부였다. 자빌은 '남존여비'가 아니라 그가 팁을 받아야 할 정도로 비굴하게 부인을 향해 웃음을 짓고 있었다. 우리는 한 번도 본 적 없는 그런 웃음이었다. 모르는 사람이 보면 마치 자빌이 부인의 앞길을 터주는 몸종으로 보일 지경이었다. 지나가는 학생들이 어쩌다 부인과 눈이 마주쳐 인사를 건네면 그녀는 무표정으로 일관하고 오히려 자빌이 아랍 왕의 미소로 답해주곤 했다.

"야, 쟤 왕자라며? 왜 저래?"

"부인이 공주 같다."

학교에서 자빌 부부에게 기숙사에 단 2개뿐인 가족실을 내주었지만 그의 신부는 한 달여를 머물고 요르단으로 귀국했다. 그 이유에 대해 자빌에게 직접 물어볼 수 없었고 물으면 안 되는 분위기였다.

자빌은 케이시의 옆방으로 돌아왔다. 무슨 일이 있었는지 어떤 일이 있었는지 아무도 몰랐다. 여전히 자빌은 거리낌 없이 왕자 행세를 하고 다녔다. 일본어를 배우고 말하면서 언어도 초등학교 아이 수준으로 향상되었다. 이게 자빌의 처음 하는 아픔 지우기의 노력이었을지 모른다.

자빌은 아랍어를 구사할 때보다 일본어를 하면 목소리가 많이 가늘어져서 늘 웃음의 소재가 되었고, 뺑쟁이 폴과 친구가 되었다. 뺑쟁이 폴은 자빌을 흉내 내고 다니며 캠퍼스 내의 여학생들에게 많은 인기를 얻었고 자빌은 그 인기에 편승해 귀국한 부인 따위는 잊은 듯 생활했다.

자빌은 편식이 심했다. 물론 종교적인 편식이기는 했지만 특히 해물을 좋아했다. 그리고 내가 만든 해물 카레를 좋아했다.

"네가 만든 카레는 세계 최고야."

"그래? 고마워."

"거짓말 아니야. 우리 엄마보다 네가 더 잘해."

"뭘 엄마 이야기까지 하고 그래. 그런데 자빌."

"왜?"

"너 왕족이라며? 요르단 왕족?"

그동안 궁금해서 어떻게 될 것 같았던 궁금증을 해물 카레에 얹어 넌지시 물었다. 자빌의 날렵하게 선을 그은 콧수염이 포물선을 그리고 있었다. 웃고 있었다.

"어, 왕족은 왕족인데 좀 멀어."

왕족은 왕족인데 좀 멀다니. 아마 왕족의 피를 나눈 왕의 친척일 거라 추측하며 궁금증을 진정시켰다. 생각지도 않게 자빌과 대화를 나누고, 그가 나의 카레를 좋아한다니 지금껏 궁금했던 것을 전부 묻고 싶었었나 보다.

"네 신부는?"

"!!!!!"

자빌은 자기 어머니의 음식보다 맛있다던 카레를 한입에 털어넣고 잘 먹었다는 인사를 남긴 채 방으로 들어갔다. 묻지 말아야 했다. 자빌의 자존심을 건드렸을지 모른다고 생각했다. 입장을 바꿔 생각해도 참 모질게 물어봤다. 나 같아도 대답하기 싫었을 것이다. 그 후, 자빌은 내가 만든 카레를 더는 먹지 않았다.

자빌과 다시 이야기할 수 있었던 건 그의 송별회에서였다. 어디서 구했는지 흰색 양복을 입고 코밑의 수염은 더 얇아져 있었다. 여지없이 머리는 5 대 5를 하고 야릇한 웃음을 짓고 있었다.

"자빌아, 어디서 흰 양복 구했어?"

"오! 코레안, 나 간다!"

"그런데, 그 훌륭한 양복에 슬리퍼는 좀 아니잖아?"

뭔가 이상하다 싶어 아래를 보니 거의 맨발과 다름없는 슬리퍼를 신고 있었다. 그 말을 했다고 자빌은 또 삐쳤다. 기도를 하고 오느라 슬리퍼를 신고 왔다고 했다. 그것도 모르고 양복 타령에 맨발이 어쩌고 이야기했으니 나는 정말 눈치가 없다. 저쪽에서 자빌은 쎌쭉해져 있었다.

나는 음식을 먹는 둥 마는 둥 송별회에 모인 사람들과 이야기를 하는 둥 마는 둥 그렇게 모임을 끝내고 방으로 돌아왔다. 시험공부를 하느라 몇 시간 못 자고 일어나 방문을 열고 나가려는데 문 앞에 뭔가 묵직하게 끌리는 소리가 났다. 슈퍼마켓 봉지였다. 그 안에는 엄청난 양의 카레가 들어 있었다. 자빌이다! 카레와 함께 편지를 남기고 자빌은 요르단으로 돌아갔다.

"코레안! 카레 정말 맛있었어, 고마워. 요르단 놀러와서 카레 만들어줘."

주소도 이메일도 안 남기고 요르단에 오라니? 이 철딱서니 없는 왕자야!

뻥쟁이 폴

우아! 우아아!! 우아아아아아아아!!!
폴의 한마디 한마디에 그의 추종자들은 환성을 질러댔다.
첫, 어차피 다 뻥이다!

"Hey, how are ya!"

사람이 복작복작 모인 곳에서 내게 영어로 말을 걸었다. 긴 다리에 파란 눈을 한 이들과 같으면서 그는 그들보다 더 과장되게 반응을 하고, 일본어를 잘하는 게 분명한데 굳이 영어를 써가며 외국인 티를 냈다.

내가 다니던 일본어 어학교는 영어도 같이 가르쳐서 원어민 영어 교사가 상주해 있었는데 그중 한 명이 폴이었다. 그는 오스트레일리아에서 온 엔벌이 영어 교사였다.

폴은 185센티미터가 훌쩍 넘는 키에 훤칠한 외모였다. 긴 다리에 북슬북슬 올라온 털은 멀리서 보면 타이즈를 신은 듯한 착각을 불러일으켰다. 아시아인 특유의 부끄러움 같은 건 전혀 없고 밝은 성격에 늘 즐거웠다.

폴은 오스트레일리아에서 대학을 졸업하고 일본에 잠깐 와서 영어 교사를 한 적이 있다고 했다. 모국어를 가르치며 영어로 이야기하는데 오스트레일리아에서보다 좋은 대우로 일본에 있을 수 있고, 영어를 쓰는 외국인이 살아가기에 일본은 최고의 나라였다고 했다.

일본어 학교에는 간판 영어 선생이 2명 있었다. 시크한 외모와 파란 눈을 자랑하고 힙합을 사랑하는 마샬과 뺑쟁이 폴이다. 폴은 어학교 행사에 적극적으로 참여했고, 일본어를 잘해서 일본의 어린아이나 그 부모 그리고 같은 일본인 영어 선생에게 인기가 있었다. 반면 마샬은 철저한 개인주의와 비밀에 휩싸인 사생활 그리고 일본어를 못하는 관계로 폴과는 전혀 다른 생활을 했다. 두 사람은 서로 성격이 달라 같이 어울리지는 않았지만 공통점이 있었다. 바로 여자를 좋아한다는 것.

대학에 진학하고 1년이 지난 어느 날, 유학생 담당을 만나러 갔다가 그곳에서 폴을 다시 만났다.

"아, 알아. 한국에서 온 사람이지?"

"어? 폴 아니야? 오랜만이네. 웬일이야, 여기는?"

"우리 학교 과목 이수생으로 공부하게 되었다."

"아, 정말요?"

"폴아, 왜 어학교에 있지 않고? 거기는 어떻게 하고?"

"그건 말이지……."

폴은 좀처럼 말을 하려고 들지 않았다. 예전과는 다른 그의 모습이 조금 이상했다. 어쩐지 지금껏 보아온 폴이 아니었다.

"비자가 끊길 거 같아서 연장하려고."

"비자?"

"비자 연기가 안 되어서 학원 그만뒀어. 그래서 가장 싼 방법으로 연기할 수밖에 없어."

"그럼 청강생이 되면 비자가 나와?"

"어, 학생 비자. 뭐 학원이야 프리로 뛰면 되는 거고."

"출석 잘할 수 있겠어? 출석 안 하면 좀 힘들 건데?"

"해 봐야지 뭐……."

이러한 걱정을 뒤로하고 대학 캠퍼스의 여기저기에서 폴의 모습이 보였다. 정말 자연 친화적인 무공해 적응력이었다. 폴은 학교에서나 식당에서나 어디서든 나를 발견하면 큰 소리로 외쳤다.

"Hey, Guy!"

일부러 그렇게 외치고 있었다. '나는 영어가 모국어인 외국인입니다'를 다른 사람들에게 인식시키려는 듯 내가 보일 때마다 알아듣든 못 알아듣든 아랑곳하지 않고 'Hey, Guy!'를 외쳤다. 폴이 그럴수록 그의 주변에는 영어를 배우고 싶어 하는, 너무너무 심심해하는 일본 학생들이 자연스레 모여들었고, 점심시간의 학교 연못 뒤의 벤치는 폴과 그 끄나풀들의 장소가 되어버렸다.

그날도 여지없이 폴은 나를 보자마자 크게 소리쳤다.

"Hey, Guy! 어쩌고저쩌고."

나를 향해 장문의 영어를 날리는 친절을 행했다. 늘 그렇듯 폴의 그들과 그녀들이 내게 이목을 집중했다. 정말로 살아 있는 영어가 돌아올 거라는 기대를 싣고 나를 보고 있었다.

"Fuck you."

폴과 그의 추종자들이 웃기 시작했다. 완벽한 영어 대화다. 틀림없이 폴은 내게 장난 섞인 영어로 이렇게 말했을 것이다.

"어디 가니? 이리 와서 나랑 놀자."

그날 이후, 폴의 추종자들은 내게 영어로 인사를 하기 시작했다. 폴은 그들에게 또 이렇게 말했을 것이다.

"쟤도 유학생이야. 영어 꽤 하지!"

폴은 이런 엔벌이였다.

"어? 왜 쟤들이 영어로 인사를 해? 일본 학생이잖아?"

같은 과 동기들이 의아해하며 물었다.

"모르겠다. 폴이 이 학교에 오고 난 후 나는 걔의 친구가 되어 있고, 난 영어를 이해하는 학생이 된 것 같아."

"폴? 폴이 누군데?"

"저기 앉아 있는 교주 보이지? 쟤야, 쟤."

폴은 점차 학교에서 입지를 굳혀 나갔다. 추종자들이 늘어갔고, 그는 영어 개인 교습을 하느라 시간에 쫓기며 연예인 수준의 살인적인 스케줄을 소화했다.

그의 인기가 늘어남에 따라 나에 대한 소문도 퍼져나갔다. 같은 과 내에서는 영어를 원어민처럼 이해하는 유학생이 되었고 영어과 교수들도 그렇게 알고 있는 듯했다. 싫지는 않았다. 내 입으로 말하고 다닌 것도 아니고, 잘한다는데 부정할 필요는 없을 것 같았다.

폴은 고급 맨션으로 집을 옮기고, 자동차를 사고 고급 선글라스를 하고 다녔다. 나와 별다를 게 없다고 생각했던 폴의 주변 환경이 달라지기 시작한 것이다. 유복해진 엔벌이다.

"밥 먹으러 가자!"
"그 말은 네가 사겠다는 건가?"
"그래그래, 내가 살게. 됐지?"

폴이 영어로 말을 시작하자 주변에 학생들로 북적였다.
"OK! ······(중략)······ right?"

우리는 미국의 하이틴 영화에서나 나올 법한 하이파이브로 마무리를 하고 식당으로 향했다. 폴은 걸으면서도 추종자들을 의식하며 그들이 가까이 다가오면 내게 영어로 말을 걸었다. 이런 식의 대화는 이미 익숙해져 있었다.

"나도 같이 밥 먹어도 되지요?"

식당으로 가는 도중에 일본인 학생 3명이 합세해 같이 밥을 먹게 되었다. 결국 둘의 만찬은 다섯이 되었고, 폴은 식사를 하면서도 좌중을 사로잡을 연출을 하기 시작했다. 그 자리에서 나는 말수가 적고 과묵하고 별로 웃지도 않는 외국인 학생이 되었고, 폴은 자신의 추종자들을 상대로 무언가 열심히 설득을 시작했다.

"우리 집은 대대로 수영 선수 출신이지."

"우아!"

"나는 올림픽 대표 팀 선수 시절에 엄청나게 많이 훈련을 했는데, 일본으로 전지훈련을 오면서 처음 이곳과 인연을 맺었지."

"정말? 우아!"

"그렇지만 부상 때문에 올림픽에는 출전할 수 없었어."

"아, 정말 불쌍하게……."

"지금도 오스트레일리아에 가면 나와 할아버지의 이름을 따서 만들어진 거리가 있어. 언제 한번 같이 가자."

"와, 정말? 그래그래, 같이 가자."

3명의 추종자는 올림픽 참가에 불운을 겪은 폴이라는 수영 선수와 함께 식사한다는 기쁨을 느끼며 싸고 맛있는 학생 식당의 밥을 즐기고 있었다. 마치 자신들이 국가 대표 수영 선수가 된 듯한 착각을 일으켰는지도 모른다.

나 같은 과묵하고 별로 웃지도 않는 외국인 학생은 애초에 폴의 말을 믿지 않았다. 어차피 뻥이다.

추종자들은 수업이 있어서 가야 한다고 했다. 그들은 폴과 헤어지기 싫은 듯 마치 연인을 향한 시선으로 그를 보며 마지막으로 멋진 하이파이브를 나누고 사라졌다.

"너, 뻥이지?"

"뭐가? What?"

추종자들과의 따듯한 순간이 덜 빠졌나 보다.

"수영 선수인 거! 너 수영 선수 몸이 아닌데?"

"뭐가?"

"마르기만 했지, 수영 선수 몸이 아니라니까!"

"정말이야! 가볼래? 오스트레일리아에 가면 우리 집안의 성을 딴 길거리가 있다니까!"

"아까는 이름이라며? 알았다, 알았어!"

정말일지 모른다는 생각도 했다. 거짓말이 그럴듯한 게 아니라 믿고 싶어서 속아준다는 말이 있듯 그 추종자들은 폴과 같이 잘난 사람이 자기 주변에 있다는 사실을 믿고 싶어 할 거라고 결론 내렸다.

폴은 대학의 정식 학생이 아님에도 나를 아는 사람들에게도 나와 같은 전공을 가지고 있다고 거짓말을 하고 다녔다. 단순히 비자를 받을 목적으로 청강생으로 들어온 학교에서 유학생인 양 행동하며 깔끔한 외모와 영어와

유머, 다급할 때만 쓰는 잘 다듬은 일본어로 사람들의 마음을 사로잡았다.

폴은 사회적으로도 여러 지인을 만들어내기 시작했다. 소방서에서 일하는 스즈키상, 돈까스를 잘하는 와코의 사장인 타무라상 그리고 놀랍게도 나의 기타 친구인 마쯔다상까지 알고 있었다.

폴은 여러 계획을 세웠던 것 같다. 지금도 그렇지만 당시에는 일본어를 잘하는 외국인이 텔레비전 프로그램에 등장하는 게 추세였고, 슬슬 한류가 시동을 걸기 시작할 무렵이었다. 어느 날, 방송국 제작국의 부장이라는 사람이 찾아와 폴과 내가 출연하는 프로그램을 만들고 싶다고 했다. 어디서부터 시작된 이야기인 줄 몰랐다. 폴과 제작국 부장은 원래 알던 사이였고, 나는 아르바이트를 하는 가게 사장의 추천으로 선별되었다. 일이 점차 커져갔다.

제작 팀과 회의에 들어갔다. 일본인 사회자를 두고 우리가 패널로 들어가는 구체적인 이야기가 오가고, 리허설 날짜까지 잡혔다. 그대로 가만히 있으면 일본 전국에 이름은 물론 얼굴을 알릴 기회였다. 물론 그런 기회를 잡으려고 일본에 간 건 아니었지만 더없는 행운이 될 수도 있었다. 그러나 좋은 일에는 반드시 복병이 숨어 있듯 폴이 유학생으로 신분을 속인 이력서가 문제가 되었다.

방송에 앞서 기대와 걱정을 하던 내게 '예산 부족으로 사정상 프로그램을 진행하지 못하게 되었습니다.'라고 전화로 통보가 왔다. 폴에게서는 한마디 말도 듣지 못했다.
"어떻게 된 거야? 예산 부족이라니? 몰라?"
"참, 일본인들 일 못해. 그렇게 소심해서야."
"소심하다니? 무슨 소리야?"
"아, 아니야……."
폴은 자신이 어떤 입장에 놓여 있는지 사람들에게 어떻게 비춰지고 있는지 전혀 모르는 것 같았다. 그 후, 폴은 1년간의 청강생 과정을 마치고 비자가 연기되지 않아 오스트레일리아로 돌아갔다. 그리고 그다음 해 봄에 다시 캠퍼스로 돌아왔다. 폴은 벤치에 앉아 나를 향해 "Hey, Guy!"를 외쳤다. 이번에는 거짓이 아닌 정식으로 대학원에 입학해 '엔벌이'와 '수영 선수'로서의 두 마리 토끼를 잡으려고 노력하고 있었다.

바람둥이
마샬

마샬 : You like dance?
나 : dance? yes yes!!
마샬 : ok, tonight!

 아이비리그의 미끈한 미국 청년이다. 젓가락 같은 곧은 다리, 정갈하게 빗어 넘긴 금발, 결정적으로 아름다운 파란 눈을 가진 마샬은 어학교 영어 선생이었다.
 마샬의 주변에는 늘 여자가 있었다. 그는 조금은 냉정한 스타일로, 미국식 복장을 하고 다녔다. 잘생겼다는 말로 표현할 수밖에 없는 왕자였다. 그는 무엇이든 필요하면 손에 넣었다. 그런 왕자도 성격만은 좋지 않았던 모양이다. 여성 편력이 있어서 그런 것인지 아니면 여자들이 짜증을 잘 내는 왕자의 성격을 싫어했는지도 모른다. 그럼에도 마샬은 유치부 아이들과 그 부모들에게 폭넓은 인기를 구가하고 있었다.

마샬은 유독 한국인 유학생과 친하게 지내서 나와도 이야기를 하게 되었다. 그는 폴과는 달리 일본어를 잘하지 못했다. 일본에 온 지 꽤 되었음에도 언어가 늘지 않았다. 사실 마샬은 일본어를 하지 못해도 큰 불편함이 없었다. 그러나 천적은 있게 마련이다. 영어과 담당인 오오키 선생이 매일같이 그에게 잔소리를 했다.

"적당히 놀고, 여자도 끊고, 일본어 배우는 건 어때?"

마샬은 오오키 선생을 싫어했다. 그녀의 잔소리에 보디랭귀지로 답할 정도로 무뎌졌으니 그가 얼마나 많은 잔소리를 들었는지 상상이 되었다.

오오키 선생의 충고에도 마샬은 바뀌지 않았다. 일본 음식은 입에 대지 않고 철저하게 미국식을 고수했다. 어느 것 하나 일본에 적응하는 구석이 없었다.

수업이 끝나고 로비에 앉아 있는 마샬을 발견했다. 여전히 미국식으로 앉아 있었다.

"こんにちは."

"……."

마샬은 내가 일본어로 말을 걸면 대꾸를 하지 않았다. 왜인지 모르겠지만 꿀 먹은 벙어리가 되어버렸다. 그가 일본어를 하든 못하든 나와는 무관했지만 그와 대화할 수 없다는 건 답답했다.

마샬과 나는 공통점이 하나도 없었다. 그가 유학생들

을 마치 산 위에서 바라보는 윗분과 같이 보고 있음을 알고 있었다. 그런 마샬이라는 미국인을 옹호하거나 좋아하거나 멋지다고 생각하지는 않았다.

그와 친한 한국 유학생들이 하나둘 로비에 나오자 마샬의 얼굴에 급 화색이 돌았다. 한국 유학생이 전부 영어로 말하는 것도 아닌데 왜 유독 나만 차별하는지 생각해 보았다. 그와 나의 관계는 무엇이 문제일까?

가만히 마샬과 한국 유학생들의 대화를 들어보니 그는 일본어를 알아들었고, 그들이 일본어로 이야기해도 즐겁게 웃고 있었다. 말하기가 부족한 마샬은 늘 그렇게 듣기만 했다.

마샬과 친한 상급반 학생이 대학 진학이다, 아르바이트다 바쁜 관계로 자주 보이지 않을 무렵 나는 마샬과 마주칠 기회가 자주 있었다. 그렇다고 우리 사이가 달라지지는 않았다. 나는 나대로 로비에 앉아 멍하니 피곤함을 달랬고, 마샬은 영자 신문을 읽거나 다른 영어 교사들과 대화를 했다.

그날 역시 마샬은 나를 보는 둥 마는 둥 인사했다.

"Hi, How……."

"So So."

마샬이 큰 눈을 굴리며 내게 말을 걸었다. 단지 'How are ya'에 반응할 수 있는 몇 안 되는 단어를 나열했을 뿐인데 마샬은 나를 원어민 취급해버렸다.

"잠깐, 마샬. 나 영어 get out이거든?"

"That's enough거든? OK? HA HA. You like dance?"

"Dance? 댄스?"

갑자기 춤을 좋아하느냐고 묻는 말에 당황해 "Yes, Yes!"를 크게 연발하고 말았다.

"OK, Tonight! (어쩌고저쩌고)."

"뭐! 오늘 브라질리안 댄스파티에 가자고? 아니야, 아니야. 나는 그럴 생각 없어. 내가 가서 뭐 재미있을 것 같지도 않고, 입고 갈 옷도 없고……."

"옷? So hot하니까 걱정하지 마. 가면 재미있을 거야."

갑자기 귀가 뚫린 것 같았다. 마샬이 영어로 그렇게 길게 말하는 데도 바로 알아듣는 내가 놀라웠다. 놀고 싶다는 욕망이 언어도 뛰어넘는구나 하고 생각했다.

그쯤 가뜩이나 공부도 안 되고 힘들었는데 기분 전환 삼아 댄스파티에 가는 것도 괜찮을 것 같았다. 그렇지만 무슨 옷을 입어야 할지 고민이었다. 남자만 모이는 댄스파티가 아니라 여자도 오는 게 분명했다.

"마샬, 가자!"

"응? 벌써 왔어?"

"한 시간 전에는 가야지 재미있지!"

"그런데 너 옷이 뭐야? 그렇게 입고 갈 거야?"

"이게 어때서? ……그럼 어떻게 입는데?"

나름 '파티'임을 의식하고 준비한 의상이었다. 양복에 하얀 셔츠와 정장 구두. 파티 문화에 엉성한 한국인이 속살까지 내비친 것 같아 창피했다.

"나는 이렇게 입고 갈 거야. 너도 이렇게 입고 와!"

마샬은 러닝셔츠에 헐렁한 반바지를 입고 운동화를 신고 야구모자를 쓰고 있었다. 그런 옷이 없는 건 아니었지만 '파티'라는 게 나에게 어떻게든 양복을 입히고 말았다는 데 웃음이 났다. 그래도 파티인데…….

브라질리안 댄스파티는 브라질의 삼바 축제를 그대로 옮겨놓은 듯했다. 내 눈을 의심했다. 사람들의 아슬아슬한 옷차림을 보니 마샬의 차로 이곳까지 오는데 창피했던 나의 러닝은 정장에 가까운 수준이었다. 주목을 받기에는 양복을 입었으면 최고의 베스트 드레서가 되지 않았을까 싶은 정도였다. 처음 보는 브라질 에스프레소와 먹거리, 빠른 템포의 음악과 이곳에 모인 사람들이 추는 춤의 분위기에 압도되었다.

"춤추자!"

"춤?"

하나둘 일어나 춤을 추고 있었다. 마샬도 일어나 춤을 췄다. 지금껏 봐왔던 모습이 아니었다. 그는 땀을 뻘뻘 흘리며 화려하고 자유롭게 몸을 움직였다.

마샬은 나를 자기 앞에 세우고 따라 움직여 보라는 시늉을 했다. 그곳에서 아시아인은 유일하게 나 혼자였던지라 주목을 받을 거라는 착각에 춤을 추기가 창피했다. 더군다나 내 옷차림은 마샬과 같은 스포츠용 러닝이 아니라 단지 소매만 없었다. 내 나름대로 파격적이었다. 아니 다른 사람의 눈에는 아무렇지 않은 차림이지만 내게는 상반신 탈의와 같은 용감한 행동이었다.

마샬은 이런 불쌍한 나를 계속 채근하며 이렇게 저렇게 춤을 추라고 했다. 그런 마샬의 기분도 생각해야겠다 싶어 정말 그의 몸짓을 따라 하며 춤을 추었다. 썩 잘 추는 게 아니라 춤추는 모습이 보기 좋지 않았을 게 뻔했지만 덕분에 스트레스는 풀었다.

댄스파티에 모인 외국인들은 제각기 직업을 가지고 있었다. 국제교류연구원, 교수, 어학교 원어민 선생, 외국인 유학생, 엔벌이, 무비자 외국인 등 다양했다. 그 가운데 유일하게 아시아인이자 한국인인 내게 일본이냐는 예상 질문이 돌아왔다.

마샬이 갑자기 의자 위로 올라가 나를 소개했다.

"He's from korea name is……."

이런 일이 종종 있었는지 사람들은 자연스레 내게 주목했다. 인사가 끝나자 그들은 내게 '김치'라고 말했다. 한국의 김치를 알고 있다는 거였다. "김치 맛있어!"

그네들은 나를 볼때 김치를 생각할까? 그럼 마샬은 햄버거인가? 브라질에서 온 마리오는 축구일까 커피일까? 그럼 아까부터 아프리카 전사 춤을 추던 저 사람은 사자일까 기린일까? 또 쓸데없는 생각에 빠졌다.

참 많은 인종이 모여 있었다. 여러 사람이 일본에서 살아가는구나 하고 멍하니 그들을 바라봤다. 나도 그중 한 사람이구나, 여기에 속하는구나 생각하면서도 소속감이 들지는 않았다. 어차피 그냥 지나치는 사람 중에 한 명이겠지 하고 생각하니 어쩐지 쓸쓸했다. 그래서 마샬은 이런 외로운 사람들 속에서 춤을 추나? 마샬은 춤으로 스트레스를 해소하나?

그 와중에 마샬은 내 생각을 보기 좋게 배반하듯 저쪽 구석에서 누군가와 눈빛을 교환하고 있었다. 그는 나를 찾으려고 하지 않고 오로지 감자칩과 치즈와 그녀의 눈에 집중하고 있었다.

"이거였구나!"

너무 늦게 알아차렸다. 민소매 차림으로 집까지 혼자 가야 하는 게 아닌지 불안이 엄습했다. 마샬의 저런 모습을 보면 분명히…… 아니 어느새 저렇게…… 1분 만에 어느새…… 어떻게 하지? 어떻게 하……지?

"저, 마샬. 너 집에 갈 거니?"

마샬은 귀찮다는 듯 힐끔 돌아보더니 "혼자."라고 짧게

일본어로 지시했다. 그 옆에 서 있던 여자도 마샬의 말에 동의하듯 나를 곁눈질했다. '뭐니? 빨리 가!'라는 듯한 눈빛이었다.

이거였구나. 설마 했는데 순간 눈앞이 캄캄했다. 마샬의 말대로 양복을 포기하고 민소매 옷을 입은 나에게는 밤늦은 시간에 혼자 전철을 타고 집에 돌아가는 것은 거의 폭탄 수준에 이르는 엄청난 재앙이었다. 이 꼴로 전철역까지 어떻게 갈 것이며, 반드시 지나쳐야 하는 상점가에서는 어떡할 것이며, 도중에 아는 사람이라도 만나면 어떻게 해야 할지 막막했다.

파티장에 모여 있는 이들도 나를 외국인으로 봐주지는 않았지만 이곳을 나가 집까지 가는 길에도 역시 사람들은 나를 외국인으로 봐주지 않을 것이다. 약간 모자란, 센스 없는 노출증이 있는 일본인으로 보겠지. 그럼에도 나는 결국 혼자 집에 가야 했다. 그날 나를 보던 전철 안 사람들의 시선은 너무 차가워 몸이 얼 지경이었다.

그 후, 나는 두 번 다시 댄스파티에 가지 않았지만 마샬은 여전히 나와 파티에 가고 싶어 했다. 그도 그럴 것이 같이 갔다가 혼자 즐겁게 돌아가주는 친구로서 나는 최고였던 것이다. 분위기 파악을 못하는 한국인이라 쓸쓸하다는 생각, 마샬과 같이 가야 한다는 생각도 했지만 그래도 그날의 전철을 떠올리면 힘들었다.

그 교훈을 뒤로하고 학교생활에 더욱 성실히 임했다. 단지 학교에 일찍 가는 걸로 성실성을 보였지만 그래도 파티가 남긴 쓸쓸함은 채울 수 있었다.

이른 아침에 학교에 오는 사람은 케냐의 마야카와 나밖에 없었다. 둘 다 걸어서 5분도 안 걸리는 거리에 사는 것도 있지만 딱히 늦게 갈 이유도 없었다.

어느 날 아침, 마야카가 교실에서 누군가와 떠드는 소리가 들려왔다. 안으로 들어가자 마샬이 와 있었다.

"응? 마샬 어쩐 일이야?"

"나 오늘부터 일본어 공부할 거야."

"어? 웬일이래?"

"친구에게 그게 뭐야. 열심히 공부한다는데."

언제 마샬과 친구가 되었는지 마야카가 편을 들었다.

"마야카, 민소매 입고 전철 타봤어? 하긴 러닝 한 장 입고 텔레비전에도 나오는데 뭐가 창피하겠어!"라고 말하고 싶었지만 마야카와 대화를 하면 할수록 원래 목적과 의미를 잃고 묘한 상황이 될 것이 뻔했다.

수업 시간이 가까워 오자 같은 반 친구들이 하나둘 교실로 모여들었다. 그들 역시 같은 말을 되풀이했다.

"마샬이 웬일이래?"

토요시마 선생이 학생들에게 마샬을 소개했다.

"오늘부터 같이 공부할 거예요. 얼굴과 이름은 알고 있죠? 잘 부탁해요."

 마샬은 그렇게 갑자기 일본어를 공부하기 시작했다. 그는 쉬는 시간에도 교실 밖으로 나오지 않았다. '공부하나?' 하고 생각했지만 누군가 "싫어!"라고 외치는 소리가 들리더니 곧 마샬이 나와 로비로 가버렸다.

 미유키는 대만에서 온 유학생이었다. 일본인 아버지와 대만인 어머니 사이에서 태어나 줄곧 대만에서 크고 자란 여자아이였다. 로비에서 나와 미유키가 이야기를 하자 마샬이 끼어들었다. ……혹시?

 "미유키, 혹시 마샬이 너한테 뭐라고 안 그래?"

 "……."

 "마샬이 너 좋아해? 그래서 우리 반에 있는 거지?"

 역시 마샬이다. 미유키를 보고 일본어를 배우기 시작했다. 그리고 지금까지 본 적 없는 태도로 열심히 공부를 했다. 그런 열정을 보인 마샬은 결국 미유키와 사귀게 되었고 두 사람은 대만으로 여행을 다녀오기도 했다.

 평소 미유키는 결혼하고 싶다는 말을 자주 하면서 "결혼하기 전에는 키스도 안 돼."라고 했었다. 그런 걸 아는지 모르는지 마샬은 미유키의 보디가드를 자청하며 그녀가 어디를 가든 같이 있었다. 그렇게 쓰기 싫어하던 일본어를 써서 발표를 하는 스피치 대회에도 나갔다.

 마샬을 아는 사람들은 놀라고 있었다. 그렇지만 지금

까지 마샬의 연인이었던 이들이 하나둘 미유키에게 알려지면서 둘의 사이는 급속히 멀어졌다.
"어떻게 하지? 미유키 어디 갔어?"
"아르바이트 갔는데?"
"좋은 방법 없을까?"
"다 끊고 미유키만 사귀면 되잖아?"
"……"

다 끊기는 싫었나 보다. 미유키는 학교를 졸업하자마자 대만으로 돌아갔다. 그 후, 어떤 일이 있었는지 모르지만 두 사람은 헤어졌다.

그렇지만 마샬은 무슨 생각을 했는지 미유키를 따라 대만으로 갔다. 모두 버리고 모두 끊고 내게 쪽지만 남기고 갔다.

"나 대만 간다. 놀러와."

왜 자꾸 놀러오라고 할까? 🔒

국비 유학생 카이루루

개구리 : 미끈거리고 돌발적인 행동을 함. 종잡을 수 없음!
카이루루 : 유쾌하고 종잡을 수 없음!

몸이 무척이나 좋지 않았다. 두통에 열이 나고 무엇보다 몸이 너무너무 아팠다. 뼈마디가 쑤시기 시작하는데 관절의 모양이 그려지듯 아팠다. 이러다 큰 병에 걸리는 건 아닌지, 누워서 꼼짝없이 죽는 건 아닌지 걱정되었지만 당장 2시간 뒤에 가야 하는 아르바이트를 쉴 수 있는 상황이 아니었다. 아르바이트생이 거의 같은 학교 학생으로 모두 시험 기간이라 대신 일해줄 사람이 없었다. 나 역시 시험을 치러야 하는데 아픈 상황이라 더욱 몸이 무거웠다. 누워서 천장을 바라보고, 기숙사 밖을 보며 "가을 하늘 공활한데 높고 구름 없이……." 애국가를 부르다니! 한국은 지금 뭐 하지? 한국이라면 죽이라도 먹을 텐데 배가 고팠다. 전날부터 누워 있던 터라 아무것도 입에 넣지 못하고 있었다. 똑똑! 카이루루다.

"너 뭐해? 아파?"

반말이다. 대체 얘네는 존댓말이라고는 도통 알지 못한다. 하긴 말레이시아에서 6개월 일본어 연수를 마친 게 전부이니 그럴 수밖에 없다.

카이루루는 말레이시아 국비 유학생 중 제일 공부 안 하기로 유명하고, 자동차를 좋아해 차 소리를 개조하려고 소음기에 물을 넣어 일부러 부식시키는 방법까지 동원하고, '하시리야'의 캡틴이 한국인이며 나와 친한 형이라는 소리를 듣고 존경의 눈빛을 보내던 아이다.

"헉, 그렇게 아파? 뭐야, 밥은 먹었어?"

"아니."

"그럼 나 이거 만들었는데 먹을래?"

"죽?"

죽이 먹고 싶었다. 그다지 식욕은 없었지만 우선 몸을 일으켜 뭔가 먹어야 아르바이트를 갈 수 있을 것 같았다.

"이거 먹어."

접시에 한가득 밥과 빨간 무엇이 올려져 있었다.

"안초비 코코넛밀크 덮밥."

먹어보지 않아도 어떤 맛인지 알 것 같았다. 말레이시아 유학생 특히 카이루루가 자주 해먹는 요리였다. 말레이시아 요리도 처음이었지만 말레이시아 학생과 같이 지내리라고는 생각도 못했다. 말레이시아에 대해 잘 몰랐고 이슬람 문화권이라는 것도 그네들과 이야기하다가 알았다. 하루 3번 빠지지 않고 기도를 하고, 그곳의 식문화와 먹어도 되는 것과 그렇지 않은 것에 대해 들었다.

"이거 먹는 거 맞아?"

"응, 먹어. 맛있어."

안초비라더니 그냥 멸치였고, 맛있게 들리던 코코넛밀크는 단지 기름 역할을 하는 듯 보였다. 주는 거니 어쩔 수 없이 먹어야 했지만 왠지 내키지 않았다.

베토벤의 작품으로 치면 교향곡 9번 정도로, 격정을 단번에 잠재우는 그 어떤 무엇. 마치 백마 탄 왕자님 혹은 용감한 전쟁 영웅을 맞이하듯 내 몸은 '안초비 코코넛밀크 덮밥'을 무섭게 받아들이고 있었다. 맛있다는 말보다는 몸에 넣었다는 표현이 적절할지 모른다.

"어때? 맛있지? 거봐, 나 요리 잘한다니까!"

한국인 입맛에 딱 맞았다. 아니 아픈 사람에게 딱이었던 것 같다. 처음 먹어보는 코코넛밀크와 안초비는 외국 음식이라기보다 한국 사람들이 간혹 해먹을 수 있는 요리가 아닌가 싶었다. 첫맛은 달콤한 듯하다가 매운맛과 멸치가 조화를 이루고 밥의 무게가 더해지며 순서대로 입안에 퍼졌다. 아픈 몸은 둘째 치고 그 맛은 어떻게 배울 수 있을지 생각하며 한 그릇을 더 먹어 치웠다.
"카이루루, 내가 다 먹어서 어쩌니?"
"괜찮아. 또 만들면 되잖아."
"내가 네 거까지 먹어서 미안해. 그런데 맛있었어."

맛있는 식사를 하고 나니 아팠던 몸이며 두통이며 관절통이 거짓말같이 전부 씻겨 내려간 듯했다. 카이루루는 내가 아프다는 소식을 듣고 자기 밥을 누워 있는 내게 기꺼이 내준 것이다. 참 쉽게 할 수 없는 일인데 카이루루는 그렇게 했다. 자기 몫의 밥을 누군가에게 주는 것은 참 힘든 일이다. 그것도 만들기 번거롭고 힘든 안초비 코코넛밀크 덮밥을 말이다. 내가 전부 먹어버리는 바람에 카이루루는 코코넛밀크와 쌀을 사러 슈퍼에 가야 하는 수고를 했다. 그렇지만 그 수고만 했을 뿐 금전적으로는 전혀 힘들어하지 않았다.

카이루루는 다른 유학생보다 많은 장학금을 받았다. 말레이시아 정부에서 온 국비 유학생인 것도 있지만 그의 나라에서 받는 임금보다 장학금의 액수가 컸던 터라 카이루루는 지금껏 사고 싶어도 그러지 못했던 것들을 보이는 대로 사들였다. 그러다 보니 방에는 웬만한 잡화상 이상으로 이상한 물건들이 쌓여갔다.

카이루루는 아르바이트를 하지 않아도 장학금만으로 충분히 생활할 수 있었지만 그는 씀씀이가 헤퍼 가난에

허덕이며 누군가에게 돈을 꾸러 다녔다. 그런 형편에도 차를 사는 대담함이 있었다. 운전 미숙으로 큰 사고가 났지만 다행히 상처 없이 살아 돌아왔다.

카이루루는 늘 어딘가에 집중하고 싶어 했다. 단, 공부는 아니라고 나름대로 결론을 내렸다.

"공부하기 싫다! 머리에 안 들어오고, 하나도 재미없어."
"너 그럼 유급되잖아. 유급하면 장학금 끊기고."
"그래서 하는 말인데 유급할 생각으로 아르바이트 시작하려고. 잠은 학교 연구실에서 자고."
"요즘 학교 연구실에서 못 자게 해. 다른 연구원들도 그렇고 교수님도 싫어할 텐데. 야! 너 기도할 시간이다!"
"응, 해야지. 아, 어떻게 하지?"

유급을 하게 되면 대사관에서 장학금을 끊겠다고 통보했기 때문에 별수 없이 지금껏 놀아온 대가를 치러야 했다. 카이루루는 아르바이트를 찾더니 곧 일을 시작했다. 동남아 음식을 파는 식당에서 개구리 요리를 담당했다.

"야! 이거 먹어봐. 내가 주방에서 만드는 거야."

카이루루의 요리는 맛있다는 생각이 박혀 있던 터라 냉큼 받아들었다. 몸이 아팠을 때 먹은 안초비 코코넛밀크 덮밥의 환상적인 맛을 몸에 외워놓고 있었기에 카이루루가 주는 음식은 주저 없이 먹었다.

"어? 맛있는데? 이 소스 좋다."

"그거 개구리."

"!!!!!!!!!"

개구리는 양서류다. 인간에게 아무런 해를 끼치지 않는 동물이다. 그렇지만 내게는 상당히 건방진 존재로 인식되어 있다. 동물의 습성을 운운하고 싶지는 않지만 개구리가 땅과 물 어느 곳에서도 잘 살 수 있다는 게 건방져보이고 너무 화가 난다. 한 자리에서만 필사적으로 살아가는 동물도 있는데 왜 개구리는 그렇게 왔다 갔다 하는지. 개구리는 반드시 알아야 한다. 너희를 싫어하는 사람도 있다는 걸! 여하튼 개구리가 싫다. 솔직히 말해 개구리가 무섭다. '그거 개구리'라는 말을 듣자마자 먹은 것을 도로 게워냈다.

카이루루는 깜짝 놀랐는지 "왜 그래!"를 연발했다. 평소 비위가 약한 편은 아니었지만 개구리 소리를 듣자 급격히 몸이 안 좋아졌다. 기분 나쁜 오한이 나고 컨디션이 최악이었다. 카이루루를 내보내고 방 안에 드러누웠다. 개구리라는 단어를 듣지 말아야 했다.

나를 아는 모든 사람에게 '개구리를 대접하실 분은 미리 말을 하시기 바랍니다.'라고 할 수는 없지만 그렇다고 내가 개구리를 먹게 될지는 상상도 하지 못했다. 갑자기 온 방 안에 개구리가 들끓는 것 같았다. 개굴개굴.

"이거 먹어. 아까 미안했어."

문을 빼꼼 열고 카이루루가 들어왔다. 안초비 코코넛밀크 덮밥을 들고 있었다.
"괜찮은데."
내 손은 이미 카이루투가 내미는 접시를 잡았다.
"왜, 개구리 안 먹어? 너네는 개 먹잖아!"
"전부는 아니거든요."
"그래? 그럼 이 개구리, 옆방 대상 줄까?"
"어, 그래. 난 안 먹어. 너 개구리 만져? 그 손으로?"
"응, 매일."
"그만둬라, 개구리!"
"그런데 여행 가?"
"아, 학교에서 유학생들 가는 여행? 가지. 너는 못 가?"
"나 아르바이트 때문에……."
"고작 2박 3일이다. 가자! 가서 재미있게 놀다 오자."
"그치? 재미있겠지?"
"그래 재미있을 거야. 온천 간다고 하잖아!"
유학생 여행에 빠져서는 안 되는 게 온천이다. 어느 순간부터 우리 대학의 유학생 여행은 온천이 되어 있었다.
호텔 온천의 대욕조는 정말 컸다. 50명이 한 번에 들어갈 수 있는 욕조는 목욕탕이라기보다 수영장 같았다.
"카이루루 가자! 얼른 들어가자!"
모두 모여 저녁을 먹는 연회에 앞서 온천에 가기로 했

다. 옷을 하나둘 벗고 탕에 들어갈 준비를 하는데 어쩐지 카이루루는 주뼛거리며 러닝셔츠와 사각팬티 차림으로 탈의실 주변을 서성였다.

"나 먼저 들어간다."

여전히 카이루루는 망설이며 주저하고 있었다. 그 모습을 보고 있자니 장난기가 발동했다. 나는 뺑쟁이 폴과 함께 카이루루의 뒤로 숨어들어 그의 사각팬티를 벗겼다.

"으악!"

카이루루는 온갖 분노가 휩싸인 얼굴로 우리에게 영어와 일본어와 말레이어로 욕을 해댔다. 폴과 내가 큰 실수를 했다. 이슬람 쪽 남자들은 혼자 샤워를 할 때만 속옷을 벗고, 대중탕에서는 속옷을 입은 채 들어간다는 것이다. 물론 그런 대중탕은 없지만 말이다.

카이루루는 너무나 분한 나머지 눈물을 흘렸다. 나와 폴은 밑으로 내려간 카이루루의 사각팬티를 조용히 올려주었다. 정말 큰 실수를 했다. 자존심을 건드린 건 물론이고 종교와 그가 살아온 습관까지 송두리째 흔들고 뽑아놓은 것이다. 폴과 나는 손이 닳도록 빌었다. 그 상황에서는 그렇게 비는 수밖에 없었다.

정말 잘못된 판단이었고 아무리 장난이라고 하지만 카이루루의 눈물을 본 이상 더는 웃을 수 있는 사건이 아니었다. 정말 잘못했던 것 같다.

카이루루도 그렇고 다른 말레이시아 유학생들도 늘 낙천적인 성격으로 내게 다가왔다. 나는 카이루루 사건 이후 그들에게 이슬람에서 해서는 안 되는 것에 대해 듣고 물어보기도 했다. 아무리 좋은 친구 관계라도 서로 간에 지켜야 할 선을 넘으면 감정이 상할 수밖에 없다는 걸 대부분의 사람이 잊고 있다는 걸 알게 되었다. 좋은 친구, 좋은 관계. 우리는 각자 졸업을 하고 귀국을 하고 그리고 다시 연락을 하며 지냈다.

카이루루는 내가 귀국한 뒤에 또 유급을 해서 일 년간 개구리를 튀겼다. 그리고 말레이시아에서 온 어느 학생보다 열심히 공부했다고 한다.

카이루루는 현재 말레이시아 일본 기업의 현지 법인 사장직을 맡고 있다고 한다. 말레이시아 국비 유학생 중에서 가장 성공한 케이스라고 들었다. 아마 카이루루의 성공 비결은 아픈 사람을 돌볼 줄 아는 친절함이 아닐까 싶다. 카이루루가 해준 안초비 코코넛밀크 덮밥을 언젠가 먹었으면 좋겠다. 🔒

케이시

나 : 케이시야, 어디서 뭐 하니?
K군 : 응? 어딘데! 나 갈까??

"네가 가라, 하와이."

영화 《친구》의 명대사다. 친구란 과연 무엇인가 생각해 본 적이 있다. 과연 친구는 무엇일까? 동료? 같이 세상을 살아가는 데 있어 친한 사람, 친한 동성?

밥 한 끼 같이 먹고 친구가 되는 사회이다 보니 친구의 존재가 이처럼 열악하게 느껴진 때가 있을까? 친구라 마지못해 어색하게 손을 맞잡고 근황을 묻는 사이도 있을 것이며, 행색을 보고 대충 감 잡았다는 듯 소홀히 대하는 친구도 있을 것이며, 친구라고 하지만 일 년에 한 번 만날까 말까 하는 사람도 있을 것이다.

친구란 참 되기 쉬운 관계의 '카테고리'일지도 모른다는 생각을 했다. 친구라는 이야기에 세상은 배신과 우정이란 양념으로 이야기를 만들고 그에 걸맞은 명언도 만들어냈다. '세상 살면서 단 한 명의 친구라도 건진다면 그 인생은 성공한 것이다'라고 말이다.

그러나 그 명언의 저의를 살펴보면 '내가 어려울 때 도와줄 수 있는 친구'로 풀이될지도 모른다. 반대로 '나를 도와주지 못하는 친구'가 많으면 성공하지 못한 인생이 될지도 모른다는 불안함에 사로잡힌다. 좋은 친구가 되기 위해서는 도와줄 수 있는 입장이 되어야 한다는 것인데 지금까지의 이야기를 토대로 푼다면 '친구'라는 단어가 냉랭해질 대로 냉랭해진 관계가 되지 않을까 조심스럽다. 내가 친구라는 존재에 민감하게 반응하는 것도 있고, 한편으로는 지금부터 이야기할 케이시가 어떤 친구였는지 말하고 싶어 장황하게 설명한 것도 있다.

우리나라와 평생 우방국인 미국에서 태어난 케이시는 흑인이다. 외국인임을 단번에 알 수 있는 조건을 갖추었고 아시아의 예의지국에서 온 나와는 대학 동기다.

대학에 들어가자 눈에 띄는 무섭게 생긴 외국인이 있었다. 케이시다. 그는 켄터키 주에서 온 2년 한정의 교환학생이었고 일본에 온 지 1년째 되던 해에 나와 학부에서 처음 만났다.

대학 기숙사는 조리실을 공동으로 쓰고 있어 서로 얼

굴을 마주쳐가며 식사 준비를 하곤 했다. 조리실 겸 식당은 늘 기름기 범벅이었다. 청소 상태도 별로이거니와 중국 유학생들이 기름을 쓰는 요리를 자주 하는 탓에 조리실 바닥과 천장에는 끈적끈적한 기름기가 붙어 있고 공기가 탁해서 불쾌했다.

그날도 밥을 준비하려고 가마솥에 쌀을 담아 씻으려는데 던과 케이시가 들어왔다. 그들은 익숙하다는 듯 두 사람 나름대로 식사 준비를 하고 뭔가 이야기하며 밥을 먹었다. 내 시선은 그들을 향했다. 나 자신이 외국인임을 잊어버리고 미국에서 온 그들 외국인을 신기한 호기심으로 보고 있었다. 왠지 그들과 대화를 하는 건 무리일 거라 단정하고 있었다. 조심스럽게 지켜본 결과 그 두 미국인은 겨우겨우 일본어를 하는 정도였고, 학교에서도 거의 영어로 생활했다. 그런 그들에게 내가 먼저 말을 건다는 건 번거롭고 귀찮기 이를 데 없었다. 일본어도 그다지 잘 하지 못하는데 누군가와 공용어를 써서 이야기한다는 데 부담감이 컸다. 이러한 이유로 내 뒤에서 밥을 먹는 그들을 모르는 척하고, 과묵한 학생인 척하며 빨리 쌀을 씻어 내 방으로 가려는데 뒤에서 누군가 나를 불렀다.

"Hey……."

"?"

"Where are you from?"

내가 어디서 왔느냐고? 왜 너희들이 알아야 하는데?

"Korea."

"Korea?"

Korea를 모른다는 생각이, 그 느낌이 전해져 왔다. 설명을 해야 하나? 아니면 무시하고 있어야 하나?

"South Korea."

대답이 아니라 명령이었다. '나는 South Korea에서 왔다. Korea라고 Korea, 몰라? 한국에서는 미국을 형제국이라고 이야기하는데 너희는 모르나 봐?'라고 대답하고 싶었지만 그들의 일본어와 나의 영어 수준은 굉장히 닮은 점이 많았다. 그대로 뒤돌아 방에 돌아와서 조금 후회도 했다. 사교적이지 못한 나의 폐쇄성과 외국인 친구를 만들 기회였는데 어쩌면 그렇게 상황이 안 맞아주는지.

'그들은 그들이고 나는 나다! 아는 사람 많으면 거치적거리기만 한다. 대학에서 살아남으려면 장학금! 둘째, 셋째, 100번째도 장학금을 받아야 한다'고 다짐하던 시기였다. 그럴 때마다 사람은 오히려 풀어지기 마련인데 그쯤 나는 대학 생활과 아르바이트, 기숙사에서의 생활이 따분해지고 있었다.

기숙사 로비에는 대형 텔레비전이 있어 그곳으로 자연스레 유학생들이 모여들었다. 기본적으로 텔레비전은 로비에서만 허용되어 다 같이 볼 수밖에 없었기 때문에 누군가 틀어놓은 프로그램을 별수 없이 봐야 하는 불편함이 있었지만 그러다 결국에는 모두 모여 재미있는 이야기를 나누었다.

로비에서 웃음소리가 들려왔다. 기숙사에 들어와 한 번도 텔레비전을 보러 로비에 간 적이 없었지만 그날은 왠지 그들과 어울리며 따분한 생활의 벽을 허물고 싶었다. 혼자이기 싫었다.

"Hi."

"Hi……."

로비에서 다시 한번 그 2인조 외국인과 마주쳤다. 짧은 인사 뒤에 더는 대화가 이어지지 않았다. 말레이시아 유학생들은 말레이어와 영어를 구사할 수 있었기에 그 2인조 외국인과 자주 어울리는 듯했다. 물과 기름까지는 아니어도 내가 그들과 어울리지 못할 걸 알면서도 참새가 방앗간을 그냥 못 지나치듯 자연스럽게 또는 억지로 끼어들려고 했던 것 같다. 그때 마침 카이루루가 게임기를 가져와 우리는 함께 게임을 시작했다. 대화를 하지 않아도 즐길 수 있는 무국적 게임기다.

각 나라의 대표를 정해 토너먼트를 펼쳤다. 한국 유학생은 나밖에 없어 엉겁결에 국가 대표의 중책을 맡아 모든 콤보를 써서 악착같이 이겨나갔다. 반드시 그들의 머리에 한국을 심어주리라! 애국의 시작은 어느새 새벽 4시

30분을 가리키고 있었다. 미국 대표인 케이시도 만만찮은 근성을 보였다.

끈질긴 미국이다. 이래서 강대국이구나. 보통이 아닌 상대다! 밀고 밀리는 접전을 하는 사이 조간신문이 배달되어 오고, 사감인 야마모토상이 출근을 하고, 로비 주변 청소까지 마친 상태에서도 나와 케이시는 멈추지 않았다. 게임기가 엄지손가락 관절에 해를 입힌다는 의학적 보고에도 불구하고 우리는 집중하고 있었다. 질 수 없다! 대한민국 남자라면 한 번쯤 할 수 있는 말이다. 나는 군대를 다녀왔으니까!

분명 케이시와 던은 월요일에 1교시 수업이 있었다. 나는 알고 있었다. 내가 그만하자고 말하기 전에 케이시가 '포기'를 외칠 것이다.

"잠시만."

드디어 왔다. 미국에서 온 케이시가 포기하려고 했다.

"화장실."

수업에는 안 가겠다는 거다. 우리는 게임을 하다가 누가 먼저랄 것 없이 게임기 컨트롤러를 배에 올려놓은 채 잠이 들었다.

"Hey, guys!"

우리를 깨운 건 던이었다. 케이시가 수업에 나오지 않아 걱정이 되어 찾았더니 'Korea!'를 외치던 외국인과 나

란히 로비에서 자고 있던 것이다. 게임을 하다가 잔 본 적도 처음이었지만 무엇보다 손가락이 아팠다. 나와 케이시는 똑같이 오른손 엄지손가락에 물집이 잡혔다.

"너희 커플이야?"

"아, 어제 게임을 좀 했어요."

"Yes, Yes."

나와 케이시는 유학생 담당에게 불려갔다. 로비라는 공공장소에서 밤새 시끄럽게 게임기 소리가 울리는 통에 편히 잠들지 못한 세계 각국의 유학생이 불만을 쏟아낸 모양이었다.

"너희, 게임도 좋지만 좀 가려서 해라! 방에 들어가서 하든가! 그게 뭐냐, 둘 다 똑같이 엄지손가락에 반창고나 붙이고. 봐라, 너희 커플 같잖아."

케이시가 웃었다.

"응? 이 친구 일본어 알아요? 알아들어요?"

"알지. 알아듣는데 말을 잘 못하겠대."

"그랬구나. 한마디도 못하는 줄 알았어요."

씩. 케이시가 웃으며 반창고로 감은 엄지손가락을 치켜들어 최고를 해보였다. 유독 하얀 치아가 빛이 났다.

"괜찮으면 밥 먹으러 갈래요? 학교 식당으로……."

"OK."

왠지 케이시와 밥을 먹어야겠다는 생각을 했다. 학교

식당으로 향하며 우리는 이런저런 이야기를 나눴다. 케이시가 일본어를 알아듣는다는 말을 듣고 안심이 되어 내가 일방적으로 말을 걸었고 케이시는 Yes 또는 No로 내가 알아들을 만한 단어를 골라 대답했다. 아마 내가 영어가 된다는 착각을 이때부터 가지고 살았던 것 같다.

케이시는 켄터키 주에서 왔고, '켄터키 치킨을 좋아하느냐?'는 질문을 가장 싫어한다고 했다. 그는 여의주를 모아야 하는 원숭이가 등장하는 애니메이션에 반해 일본에 왔다고 했다. 참 가볍고 단순한 동기이다 싶었지만 나 또한 어떠한 동기를 말하기는 부족했다. 어학연수로 와서 눌러앉은 나나 애니메이션에 큰 감명을 받은 케이시나 별반 다를 게 없었다.

둘 다 엄지손가락에 반창고를 싸매고 훈장인 듯 달고 다녔다. 모두 왜 그러냐고 물어오기도 했지만 게임 때문이라고 말하기는 설득력이 부족했다. 게임을 하다가 엄지손가락에 잡힌 물집이 터져 피부가 벗겨졌다는 사람은 나와 케이시밖에 본 적이 없었다. 물론 케이시도 마찬가지일 거다. 지독한 켄터키 녀석과 지독한 한국 넘이다.

그날을 기점으로 나와 케이시는 여러 가지 놀이를 많이도 했다. 카이루루의 차를 타고 케이시와 던, 나 이렇게 넷이 고속도로를 달리던 중에 잠시 멈춰서 남의 포도밭에 무단으로 들어가 포도를 따 먹기도 하고, 속옷 차림으로 기숙사 주변을 돌아다니고, 자고 있던 말레이시아 유학생을 놀라게 해서 깨우고, 밤새 게임을 하고, 각자의 부모님에게 전할 영상 편지를 찍으며 서로 출연하고, 음식을 나누어 먹고(나는 거의 얻어먹었지만), 고민을 상담하기도 했다.

그러면서 별별 소리를 다 들었다. 잠을 못 자겠다, 새벽에 음식 만드는 소리가 난다, 노출이 심한 복장이다, 웃음소리가 기숙사 밖의 가정집까지 들린다, 영어가 너무 시끄럽다 등등.

케이시와 같이 있으면 말이 필요 없었다. 우리는 미리 맞추기나 한 듯 똑같은 행동을 하곤 했다. 그런 케이시는 말을 잘 못했지만 2년의 교환학생 과정이 끝나갈 때쯤 한 가지 새로운 결심을 했다.

"야! 나 여기 다시 Come back할 건데. 너 있어, 여기?"
"그럼 난 있어야지. 내가 교환도 아니고 졸업해야지."
"나 올 때까지 여기 있어!"
"뭐? 너 다시 여기 온다고? 왜?"
"공부 무지 많이 하고 Speaking 연습 많이."
"아, 일본어 잘하고 싶다고? 왜? 너 잘 하고 있잖아."
"잘하고 싶어, 너랑 놀라고."

놀려고 잘하고 싶다니, 다소 엉뚱한 발상이다. 하긴 그렇게 말이 없어도 주변 학생들에게 원성을 들을 만큼 재미있게 보냈으니 말이다.

케이시는 던과 함께 미국으로 돌아갔다. 후에, 그와 같은 미국 대학에 다니는 데이비드인지 존인지 마이클인지 모를 외국인이 왔지만 던과 케이시만큼 친해지지 못했다.

케이시는 그다음 해에 대학에 돌아왔다. 이번에는 정식으로 대학원에 들어갈 수 있는 학생 자격이었다.

"내일 케이시 온단다!"

"정말요? 내일? 아, 미국에 간 지 1년이 넘었구나."

"기뻐? 네 마누라 와서?"

유학생 담당인 시오지마도 케이시와 나를 죽이 잘 맞는 친구로 생각하고 있었나 보다. 굳이 친구라고 하지 않아도, 친하다고 하지 않아도 그렇게 느꼈나 보다.

졸업 논문의 압박과 스트레스 때문에 조금은 푸석한 얼굴로 다음 날 학교에 가 보니 유학생 담당실이 있는 저만치에 낯익은 얼굴이 보였다. 케이시였다.

"케이시야!"

"오래간만!"

일본인 학생들은 우리 둘이 얼싸안고 있는 모습을 신기하다는 듯 보고 있었다. 이 일로 우리가 사귄다는 괴소문이 돌았을 정도이니, 서로 이름을 부르며 달려가 안아 버린 웃지 못할 해프닝은 21세기에서는 적절하지 못한 게 틀림없다.

케이시는 반가움도 뒤로하고 1년간 갈고닦은 일본어로 내게 말을 걸었다. 1년 전과는 확연히 다른 모습이었다.
"내가 왜 공부했는지 알아? 네가 말하는 거 부러웠어."
"응? 뭐가 부러워. 난 영어가 모국어인 네가 더 부러워."
"나도 여기 있으면서 잘하고 싶은데 마땅히 친구도 없고, 던이 가까이 있어서 안 늘었던 것 같아."
"지금은 잘하잖아."
"네가 나에게 열심히 하게 한 동기야."

케이시는 내게 자극을 받았다고 했다. 참, 부끄러워하지도 않고 잘도 말한다고 생각했다. 한편으로는 내가 누군가를 자극할 만한 일을 했었는지 모른다는 궁금증도 일었다. 케이시에게 그런 말을 들어서인지, 친구가 와서 그런지 앞으로 더욱 재미있어질 상황이 기대되었다.

케이시와 나는 더욱 좋아진 팀워크로 유학생 환영회에서 '어이없는 외국인과 웃기는 외국인'으로 소개되었고 유학생 여행에서는 분위기 메이커가 되어 있었다. 서로가 외국인이면서 죽이 잘 맞는, '아!' 하면 '이!'라 하고 '금!' 하면 '은!'이라 하는 정말 잘 맞는 친구였다.

케이시는 고학생인 나의 사정을 잘 아는 친구이기도 했다. 학비는 장학금으로 충당했으나 집세와 생활비는 아르바이트로 내야 했기에 사는 게 빠듯했다. 간혹 교과서나 책을 사야 하는 때도 있었다. 거의 매달 그랬지만.

월급날이 돈을 써야 할 날보다 나중인 때도 있었다. 즉, 돈이 나가야 할 곳과 사야 할 책이 많은데 수중에 돈이 딱 떨어지는 경우다. 하루나 이틀이면 견디겠지만 일주일 이상이면 무척 힘이 들었다. 책을 사야 할지 그 돈으로 점심을 먹어야 할지 고민하다가 수업은 들어야 하기에 책을 사고 점심을 굶었다. 어느 날은, 월급날까지 꼬박 7일이 남았는데 돈이 떨어졌다. 점심을 먹지 못하고 도서관 앞에 앉아 있었다. 안에 들어가 있어도 괜찮았지만 왠지 도서관에 있다는 것만으로 우울해질 것 같아 밖에 나와 햇빛을 쬐고 있었다. 누가 봐도 밥을 못 먹은 얼굴을 하고 있었나 보다. 케이시가 걸어오는 게 보였다.

"너, 밥 먹었어?"

"응? 으응."

"거짓말 마. 안 먹었지?"

"먹었어, 먹었다니까!"

"알고 있어, 안 먹은 거. 거짓말하지 마."

"……."

"자! 이거면 월급날까지 학교 식당에서 밥 먹을 거야."

5,000엔이었다. 케이시는 내가 한 달 중에 이맘때 혼자 우두커니 도서관 앞에 앉아 있는 걸 안 모양이었다.

"케이시야. 나 돈 바로 못 갚아. 지금 상당히 힘들어."

"괜찮아, 안 갚아도 돼."

"나 정말 이러면 너한테 미안해지는데……."
"야! 만약에 내가 너처럼 여기 앉아 있으면 어떡할래?"
"……."

나는 케이시에게 사정을 이야기하지 않았다. 케이시는 내게 아무것도 달라고 하지 않았고 나도 마찬가지로 케이시에게 원하는 게 없었다. 켄터키 주에서 온 켄터키를 싫어하는 미국 녀석이 나를 사람들이 많이 지나다니는 도서관 앞에서 울려버렸다. 울지 말아야 하는데. 조금 있다가 밥을 먹을 수 있다는 게 기뻤다. 케이시에게 달려가 와락 끌어안았다. 또 사귄다는 소문이 돌기 시작했다.

"케이시, 우리 사귄단다. 소문이 쫙 퍼졌어!"
"누구? 너랑 나? Oh my god입니다요!"
"오늘 우리 과 여자애가 우리 둘이 사귀느냐고 묻더라."
"너는 나 좋아하겠지만 난 아니야."
"나도 아니거든!"

케이시는 그렇게 내 옆에서 아무 말없이, 아무 조건 없이 늘 같이 있어주었다.

"케이시! 너 여자친구 어떻게 사귀게 되었어?"
"나한테 반해서."
"알았다!"

케이시는 결혼까지 생각하는 사람이 있었다. 그녀와 만나고 헤어지고 또다시 만나고 헤어지기를 반복하더니 결혼을 결심하고 있었다.

"만났다 헤어졌다 하더니 어떻게 결혼을 결심했어?"

"나? 아직 어리구나, 넌. 다른 거 없어! 아침에 일어나서 가장 먼저 볼 얼굴이야. 그 얼굴을 생각해봐. 네가 평생을 봐도 괜찮을 것 같은 사람을 생각해보라고."

아무렇지 않게 이야기한 거지만 그렇게 대단한 사람이 아닌데도 매번 가슴에 남아 이렇게 흔들어놓을까 하고 생각했다. 친구라 그런가? 내가 마음을 전하고 그 마음을 담아줄 수 있는 친구라서? 케이시와 나 그리고 친구.

유유상종, 끼리끼리 만난다고 한다. 몇십만 킬로미터가 떨어진 곳에서 태어나 학연이나 지연으로 묶인 것도 아니고 백의민족, 동방예의지국조차 모르는 케이시가 한국에서 태어난 나와 친구라고 이야기한다. 나를 도와주어서, 철저한 우방국의 나라에서 온 미국인이 아니라 나와 같이 생각해주고 기뻐해주는 친구인 것이다.

지난날 그에게 받은 5,000엔은 일본을 떠날 때까지 갚지 않았다. 돈이 있어도 케이시에게 주지 않았다. 갚을 생각도 없다. 그까짓 5,000엔일지 모르지만 나는 케이시에게 그 이상의 고마움을 느끼며 살고 싶기 때문이다. 🔒

진상

몸 괜찮아? 손 이리 줘 봐.
진상은 내 오른손을 잡고 맥을 짚었다. 뭐지?
중국의 신비를 보여주는 건가?

일 년에 한 번은 몸이 아팠다. 지금도 이어지고 있는 연례 행사이지만 일본에서도 같은 상황이 매년 반복되었다. 몸이 나른하고 잠을 자도 피곤하고 식은땀이 흐르고 병에 걸린 듯 기침을 했다. 그 상태로 학교에 앉아 있자니 더욱 몸이 무겁고 눈이 감겼다. 선생님께 양해를 구하고 수업 시간에 엎드려 있었지만 그럼에도 몸은 나아질 기미가 보이지 않았다. 옆자리의 진상이 "괜찮아?"라고 물었다.

진상은 북경에서 의과대를 다니다가 일본의 의과대로 편입을 하러 온 중국인이었다. 보통 중국인 학생들은 수업 시간에 시끄럽게 떠들고 바스락거리며 뭔가를 먹었고, 꾸중을 들어도 아랑곳하지 않고 지각과 결석을 일삼았다. 한번은 그네들 집에 놀러간 적이 있었는데(물론 처음이자 마지막이었지만) 공짜라고 와서 밥을 먹으라고 그래놓고는 나중에 4,000엔을 요구했다. 또 한번은 중국계 클럽에서 점장을 맡고 있는 한 남학생이 자기네 가게에서 파티를 한다고 사람들을 불러모은 다음 중국인이 아닌 외국 학생들에게는 참가비를 2,000엔씩 더 받았다. 그런 일이 있다 보니 왠지 중국인과 상대하면 그들에게 당하게 되는 것 같아 아예 무시하고 지냈다. 정말 최악이었다.

진상은 그런 중국인들 사이에서 군계일학 격의 인물이었다. 그는 행동을 절제했다. 성실한 자세로 수업에 임했고, 미소를 잃지 않고 온화했다. 진상을 처음 보는 사람도 한눈에 그가 여느 사람과 다르다는 걸 느낄 정도였다.

그런 진상이 내게 "괜찮아?"라고 물어왔다. 나는 정말 정말 안 좋다는 눈빛으로 그를 바라보고 다시 엎드렸다. 점점 눈앞이 아득해지고, 수업 내용이 들렸다 안 들렸다 했다. 편안한 곳으로 몸 전체가 깊이 빨려 들어가는 것 같았다. 엎드려 있는 다리 사이로 허리 깊숙이 커다란 추 하나를 매달아놓은 것 같은, 그 무거운 추를 따라 저 밑으로 몸이 끌려 내려가는 것 같았다. 오늘은 무슨 일이 있어도 수업이 끝나고 집에 가는 길에 일하는 가게에 들러 아르바이트를 쉬겠다고 말하리라 마음먹었다.

"잠깐 일어나 봐."

진상이 나를 흔들어 깨웠다. 다른 사람이라면 그냥 무시하고 엎드려 있었겠지만 진상이 부르는 소리를 들으니 정신이 들었다. 아마 정신을 잃었던 것 같았다. 어딘가로 갔다가 다시 돌아온 느낌을 그 아픈 중에도 느낄 정도였으니 정말 정신을 잃은 모양이었다.

"왜요? 나 아파요."

"알아. 여기 앉아 봐. 잠시만 보자."

진상은 나를 의자에 바른 자세로 앉혀 자신과 마주 보게끔 했다. 그가 대체 무슨 생각을 하고 있는지 궁금했다. 왜 이럴까? 수업 시간에 엎드려 있어서 화가 난 걸까?

"손 줘 봐."

"뭐하는 거예요?"

"잠시만······."

진상은 내 오른손을 뒤집어 손바닥을 펼치게 하더니 한국의 한의원에서와 같이 맥을 짚어 보았다. 뭐지? 여기서 중국의 신비를 보여주는 건가?

"몸이 약하구나."

진상은 내게 하고 싶은 말이 있는 것 같았지만 일본어를 그다지 잘하지 못하는지라 밖으로 나가 상급반의 중국인 학생을 데리고 와서 그에게 통역을 부탁했다. 뭐지? 왜 상급반 아이를 데리고 왔지? 같이 병원 가라는 소리인가? 나쁜 병인가?

"진상이 너 몸이 허하대."
"내가?"
"응. 너 몸이 허해서 침 놓고 뜸을 해야 한대."
"몸이 어떤데?"
"허하대."
"구체적으로 이야기해. 아까 진상이 길게 말했잖아."
"허, 하, 대."
그 말은 아까 진상에게 들었다. 통역하러 온 거 맞나?
"여기서 잠시만 기다려."

뭔지 모르겠지만 몸 상태를 봐주겠다니 조금 안심했다. 진상이 밖으로 나가 선생들과 이야기를 하더니 잠시 후, 오오키 선생이 들어와 내 머리에 손을 얹고 물었다.

"어디 아파요? 어디가 어떻게 아픈데?"

오랜만에 느끼는 따뜻함이었다. 곧 마샬도 들어와 차가운 웃음을 지으며 "오호, 아파?"라고 툭 한마디 던졌다.

시간이 어느 정도 흘렀는지 모르겠다. 누군가 진상에게 검은 가방 하나를 건네자 그는 주섬주섬 가방에서 뭔가를 꺼냈다. 어디서 많이 보던 것이었지만 몽롱한 상태라 몇 분이 지나서야 알아차렸다. 약은 물론이고 주사도 싫어하는데 '침'이라니!

"윗옷 벗어서 베개 해."

통역으로 온 상급반 학생은 마치 천하 명의를 보조하

는 성깔 더러운 간호사 같은 어투로 내게 명령했다.

"잠깐, 뭐 하는 거야? 설마 나한테 이거 하는 거야? 의사 면허 있어? 몸이 아프다는데 무슨 침이야?"

"중국에서는 해."

"여기 일본이야. 안 돼, 안 돼!"

펄펄 뛰는 나를 보러 오오키 선생, 마샬, 집에 안 가고 공부하고 있던 한국 아이들이 전부 교실에 모여들었다.

"괜찮아, 해 봐."

"해 봐? 뭐야, 나 시험하는 거야?"

오오키 선생이 한마디 거들었다.

"한번 해 봐요. 나도 저번에 힘들었을 때 진상이 침이랑 뜸을 놔줘서 좋아졌어."

"네? 선생님도요?"

토요시마 선생은 입을 삐죽거리며 "남자가 그까짓 거 못해서……."라고 나를 비웃었다. 사람들은 진상이 쥐고 있는 침이 내 벗은 몸에 꽂히는 걸 보고 싶어 하는 게 틀림없었다. 당연한 일이다. 자기만 안 아프면 되는 거다.

한국이나 중국에서는 보편적으로 알려진 '침 시술'이지만 일본에서는 좀처럼 보기 힘든 일이었다. 각 학급을 담당하는 선생들도 소문을 듣고 달려와 진상과 나의 의료행위를 보고 싶어 했다.

몸에서 열이 나기 시작했다. 몸살감기였고, 피곤했고,

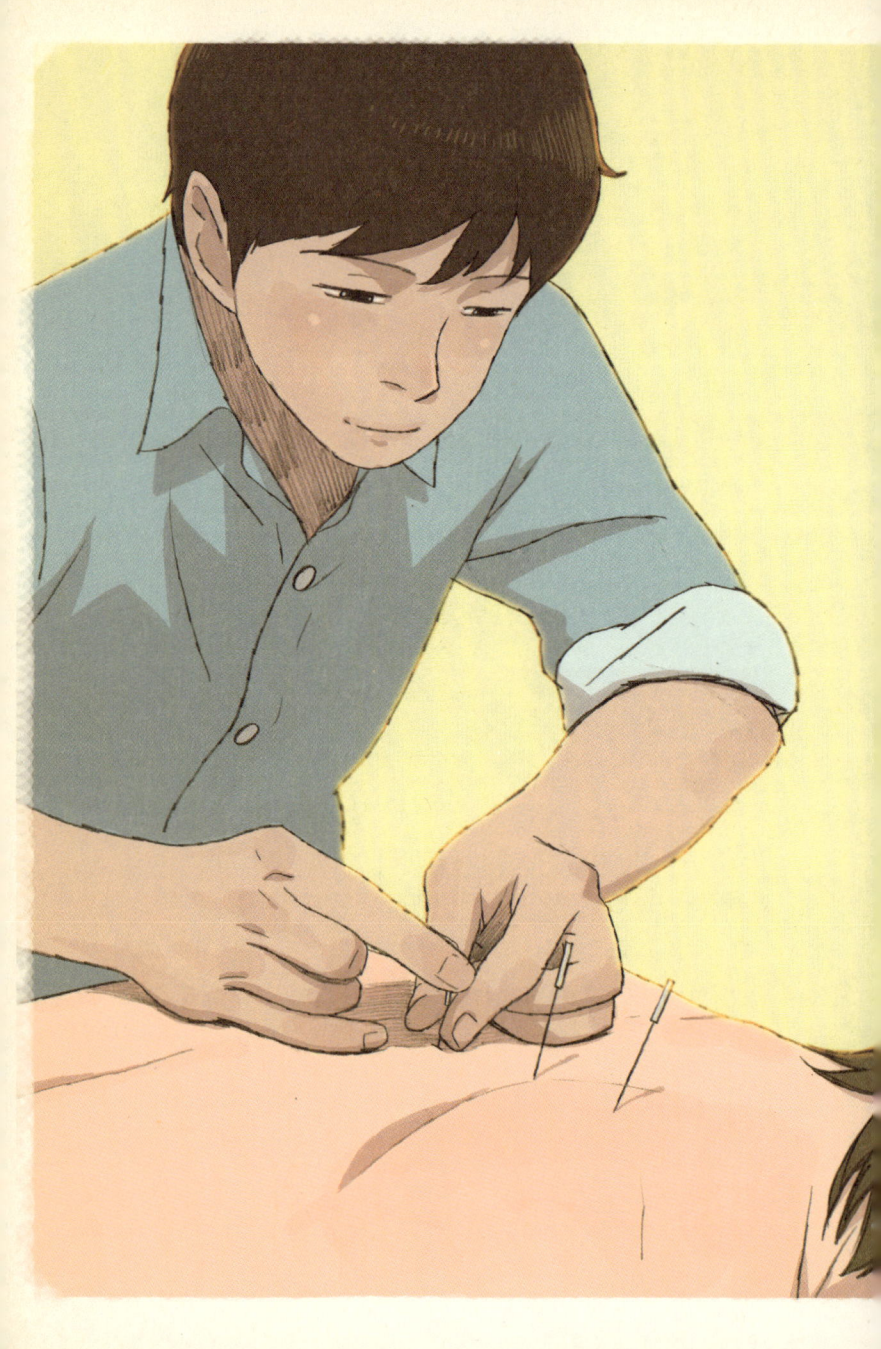

허하다는 말로 일관하는 상급반 통역의 말처럼 단지 허했을지도 모른다. 그렇지만 침은 아니다. 의사인지 아닌지도 모르는 진상이 내 몸에 침을 꽂다니! 침을 잘못 맞아 바보가 되었네, 몸이 마비가 되었네, 저세상으로 갔네 어쨌네 하는 이야기를 언제 어디선가 들은 것도 같았다. 진상이 내게 하려는 건 명백한 의료법 위반 행위였다.

아무리 군계일학인 진상이라도, 오오키 선생이 그에게 시술을 받아봤다 하더라도 사람은 각기 체질이 다르기에 침이 맞는 사람도 있고 안 맞는 사람도 있고, 또 나는 침을 특히 무서워하는데…….

"안 아프게 해주세요."

나와 진상을 둘러싼 사람은 이미 스무 명을 넘어섰다. 교장까지 시야에 들어왔다. 이대로 내가 침을 맞고 잘못된다면 저 사람들이 증인이 되어주겠지? 그런데 누가 나를 도와줄까? 오오키 선생? 토요시마 선생? 교장?

침을 놓고, 그 위에 뜸을 올리자 몸이 따뜻해졌다. 갑자기 참을 수 없이 졸음이 몰려왔다. 이거 끝나면 돈 달라는 거 아닌가? 저번에 중국 애들이랑 밥 먹었을 때처럼 4,000엔을 요구할까? 2,000엔만 하지…….

웃음소리가 들려왔다. 어디서 웃고 있는 걸까? 내 몸은 이미 바늘에 찔렸는데 사람들이 그걸 보고 웃는 걸까? 왜 그러지? 눈을 떴다 감았다.

"오늘 스즈키상은 부장님과 함께 출장을 떠났습니다. 아, 그렇습니까? 그럼 메모 남겨주시기 바랍니다."

주위에는 아무도 없고 진상 혼자 앉아 책을 읽고 있었다. 낭랑한 중국식 일본어였다. 발음에 상당히 신경 쓰는 것 같았다. 언뜻 두보의 시를 읽는 학자 같아 보였다.

"하, 내가 잠들었었나요?"

"괜찮아?"

진상은 자기가 불법 의료 시술을 해놓고도 '괜찮아'라고 물었다. 남의 일이라고 너무하는 거 아닌가 하고 생각하면서도 놀라울 정도로 몸이 가벼워졌음을 느꼈다. 몸이 무겁고 눈이 감기던 것과 열이 나고 기침을 하던 모든 증상이 사라졌다.

"몸이 가벼운데……."

진상이 옆방에서 공부하는 상급반의 그 통역을 불렀다.

"몸이 허하대."

네 말은 아까와 다를 게 없잖아! 설득력이 없다고!

"진형 고마워요. 쉐쉐?"

진상은 내 머리에 손을 대보고 맥을 짚어보더니 이제 괜찮을 거라고 말하고는 침과 뜸 도구를 챙기기 시작했다. 진상에게 뭔가 보답을 해야겠다는 생각이 강렬하게 들었다. 옆에 있는 통역에게 물었다.

"어떻게 해야 하지?"

"몸이 허해서 약은……."

"너는 한 단어밖에 몰라? 허한 거 말고 있잖아, 좀!"

진상보다 통역을 위한 통역이 필요했다. 옆에서 보고 있던 진상은 무슨 뜻인지 알고 있으니까 걱정하지 말라고 했다. 그 대신 중국 아이들하고 재미있게 놀아주라고 이야기했다. 평소 내가 중국인들과 잘 어울리지 않는 게 마음에 걸렸던 모양이다. 진상을 바라봤다. 그의 얼굴에는 평상시와 다름없는 편안한 미소가 가득했다.

그날 나는 거짓말같이 가벼워진 몸으로 아르바이트를 간 것은 물론이고, 그동안의 스트레스와 피곤함이 한번에 싹 씻겨나갔다. 주위의 다른 한국인에게도 진상을 소개시켜주고, 그에게 얼마간의 사례를 받게 했다.

진상은 12억 중국인 중에 처음으로 호감을 가진 사람이다. 세계의 중심임을 외치고 중화사상을 바탕으로 자기네가 최고라고 하지만 진상과 같은 온화함과 부드러움이 없다면 세상 모든 제품이 전부 'Made in china'가 되어도 소용없는 일이 아닐까.

진상은 어학교를 졸업하고 의과대학에 진학해 점점 주변 영역을 넓혀갔다. 잡지에도 나왔고 학교 화보에도 실리고 그리고 내 마음속에도 여전히 남아 있다.

보보루치

네 부인은 왜 너랑... 아, 아니야! 아니야! 미안~
근데, 빅터는 너 조금만 닮아서 다행이야!

얼음 공주네, 차갑네, 말도 못 걸겠네, 싸가지 없어 보이네, 추해 보이네, 없어 보이네 말이 많았다.
"키가 몇이야?"
"172."
"그럼 170이네."
함부로 싸잡아 말하고, 잘못 흘려보낸 말 한마디로 그간 쌓은 그만그만한 신뢰를 한 번에 와르르 무너트리는 사람이 있다.
별로 크지 않은 키에, 회색 머리카락, 적당히 난 콧수염에 작은 얼굴, 늘 빨간색 티셔츠를 입었다. 사회주의였던 나라에서 와서 빨간색인가? 러시아에서 온 잘나가는 패셔니스타로 여기기에는 바지 무릎이 툭 튀어나와 있었다.

키도 작은 주제에 종종걸음으로 걷고, 다른 사람과 마주치면 어깨가 부딪힐 때 곁눈질로 기분 나쁘게 흘겼다.

스파이, 공작원, 정보원의 기질이 다분히 보였다. 단지 보보루치라는 이름 때문에 그쪽일 거라 생각했을 뿐 그에 대해 알고 있는 정보는 개뿔도 없었다.

같은 대학 기숙사에 있으면서 몇 호실에 사는지, 무슨 과 전공인지, 어떤 코스를 밟고 있는지, 학생인지 교수인지 아니면 그냥 놀러온 학생인지도 몰랐다. 내 주위 사람들도 보보루치라는 러시아 유학생이 있다는 걸 알 뿐 그림자놀이를 하고 있었다.

"안녕······."

찌릿! 아시아와 동남아, 전 세계의 미라 할 수 있는 인사를 그는 큰 눈을 반쯤 접어 내 어깨 쪽을 처음 보는 듯 바라보았다. 그간 보보루치에게 10번 정도 인사했음에도 그는 한 번도 받아주지 않았다. 그런데 보보루치가 갑자기 내게 턱 끝으로 인사를 했다. 턱 끄덕끄덕.

"응?"

경이롭다. 순간 세계가 아름다워 보였다. 마치 게장을 먹다가 껍질이 이빨에 끼었는데 그때 누군가 나타나 치아를 힘껏 벌려 이물질을 빼준 듯한 시원함이 느껴졌다. 그 턱 인사로 또 한 명의 친구가 생겼다는 예감이 들었다.

기숙사 복도에서 보보루치를 만났다.
"안녕."
찌릿! 턱 끄덕끄덕.
학교에서 보보루치를 만났다.
"안녕."
찌릿! 턱 끄덕끄덕.
학교를 오가는 길에 보보루치를 만났다.
"안녕."
찌릿! 턱 끄덕끄덕.
어느새 나와 보보루치의 인사는 습관적으로 이루어졌다. 보보루치는 인사를 받으면서도 대체 내 의도가 뭔지 무슨 생각인지 계획인지 찾으려는 듯 찌릿 흘겨보았다.
"야! 너 보보루치하고 친하다며?"
"친해? 뭐가? 보보루치하고? 친하긴 뭐가 친해?"
"너하고만 인사한대. 이제 나 버리고 보보루치야?"
"무슨 소리야. 난 케이시……풋! 너밖에 없어!"
"에라!"
아무도 어디에도 보보루치의 흔적이 없었다. 단지 그는 나와 인사를 했고, 나와의 흔적만을 남기고 있었다.
"너 케이시 버렸다며?"
유학생 담당인 시오지마가 이미 알고 있다는 듯 물어왔다. 시오지마가 알았다면 이미 유학생은 물론이고 학교 내 모든 부서의 간부들 심지어 담당 교수도 알고 있다는 것이었다. 내가 케이시를 버리고 보보루치를 택했다는 잘 짜인 스토리를!

동기들과 차디찬 점심 도시락을 그냥저냥 먹고 있는데 시오지마에게서 호출이 왔다. 공학부 연구실에서 나를 찾는다는 것이었다.

"큰일 났다, 너!"

"뭔데요? 네?"

"가 봐."

이상한 느낌이 들었다. 혹시 괴상한 소문이 공학부까지? 소문에 소문이 더해지면 그 소문은 어느새 사실이 되고 현실로 와 닿게 된다는 걸 알고는 있었지만 정말 그런 건지 의아스러웠다.

"흠, 자네인가?"

응? 뭐지? 저 알고 있다는 태도는? 교수는 마치 먹이를 앞에 두고 요렇게 조렇게 잘 먹으면 되겠다는 듯한 맹금류의 눈빛을 하고 있었다. 그리고 그 옆에 보보루치가 서 있었다.

"자네가 보보루치와 친하다면서? 중국인인가? 어디?"

"한국입니다만."

"오호, 그런가? 의외로군."

"의외라니요?"

"아, 아닐세. 보보루치가 자네와 친하다기에 부탁할 게 있어서 불렀네."
"무슨 말인지."
"다음 주에 보보루치네 가족이 오네."
"예? 가족이라면."
"부인과 아이가 올 걸세. 자네가 도움을 주었으면 해."
"저는 이 친구를 잘 모릅니다만."
"응? 잘 모르다니? 보보루치가 자네와 친하다던데?"

인사만 하고 대화 한 번 나눈 적 없는 사이에 보보루치는 나와 가장 친하다고 이야기하고 있었다. 턱을 끄덕끄덕하고 반쯤 감긴 눈으로 찌릿 쳐다보는 게 인사인 주제에. 보보루치는 나와 친구가 아니다. 우리는 그저 인사만 나누었을 뿐이다.

교수는 러시아에서 보보루치의 가족이 오면 그들에게 부족한 것이 없는지 잘 살펴달라고 했다. 둘이 친구니까! 보보루치는 자기가 소속된 연구실 교수에게 왜 나를 친구라고 소개했을까? 내가 만만해 보이나? 혹시 러시아 마피아인데, 한국 잠입에 날 이용하려고? 별의별 쓸데없는 생각으로 일주일을 보내고, 보보루치의 가족을 만나게 되었다.

"야! 저기 꼬물거리는 거 뭐지? 저거 말이야, 저거!"
"아, 보보루치 아들? 빅터야. 지난주에 왔어."

"그래? 가족실에 있는 거야? 그런데 너 어떻게 알아?"
"그럴 일이 있어……."

케이시에게 보보루치와 처음 인사를 한 시점부터 공학부에 불려가서 교수에게 그의 가족을 잘 부탁한다는 이상한 소리를 들었다는 것까지 이야기하려면 지금까지 설명한 것에 10배는 더 힘들 거라는 생각이 들었다.

"둘이 사귀는 거야?"

내 생각을 읽고 훑어 내리듯 케이시가 물었다.

"왜? 케이시 질투해?"
"야, 야! 저기!"
"왜?"
"저 여자, 금발, 아……!"
"아, 보보루치 부인?"
"정말? 정말로 정말이야?"
"왜, 샘나? 좋겠지?"
"으아! 보보루치는 저런 부인을 데리고 살고. 어휴, 아!"

케이시는 보보루치의 부인이 바로 자신이 꿈속에서 그리던 연인이라는 둥 지금껏 찾아온 이상형이라는 둥 보보루치한테는 아깝다는 둥 너무 한다는 둥 러시아에 갈걸 그랬다는 둥 빅터가 자기 아들이었어야 한다는 둥 헛소리를 했다. 다른 학생들도 보보루치의 아내를 보고 저런 사람이 바로 미인이라며 거들었다.

궁금덩어리 보보루치에 대한 관심은 온데간데없이 사라지고 그 자리에는 그의 부인에 관한 소문이 무성해졌다. 미스 러시아 출신이다, 고위 간부의 딸인데 보보루치라는 쓸데없고 머리만 좋은 녀석과 사랑의 도피를 했다, 나이 차이가 딸뻘이라는 뜬소문이 돌더니 결국 몹쓸 사랑이라는 말까지 떠돌았다.

빅터는 3살이었다. 엄마와 아빠를 정확히 반씩 닮아서 사람들은 아이가 보보루치를 닮았다는 데 동정 아닌 푸념을 털어놓기도 했다. 아시아 아이보다 서양 아이가 빨리 성장한다고 생각했는데 빅터를 보며 많이 바뀌었다. 빅터는 여느 한국 아이만 한 덩치에 금발에 파란 눈이었다. 성격은 아빠를 닮지 않았다.

"이지슈다."

"응? 뭐 해줄까? 뭔데? 뭐, 뭐지?"

"이지슈다."

"뭔데 그래?"

빅터가 나를 향해 '쁘리하지지'라고 외치는데, 나는 못 알아듣고, 옆에서 보고 있는 보보루치는 답답한지 반쯤 접힌 눈으로 나를 보고, 나는 잘못한 게 없는데 괜히 미안해지고 더욱 작아지고 있었다.

"Come here!"

보다 못한 보보루치가 내게 처음으로 말을 했다. 빅터

가 내게 같이 놀자고 이야기하는 거라고. 보보루치와 빅터 둘 다 말이 안 통하기는 매한가지이지만 왠지 보보루치에게는 잘못한 것도 없이 미안한 마음이 들었다. 말을 못하고 잘 안 하고 그 차이인데…….

똑똑. 일요일에 나의 아침잠을 깨우는 사람은 이 기숙사에 아무도 없었다. 있어서도 안 되고 생겨서도 안 되는 일이었다. 그런데 똑똑 문을 두드리는 소리가 들려왔다. 무척 낯설고 힘들었지만 왠지 누구인지 알 것 같았다. 성인 어른의 무겁고 리듬감 있는 똑똑이 아니라 때로 가냘프고 때로 무겁게 불규칙적인 똑똑은 빅터였다.

"헤이, 꼬레아 까레이스키…… 까레이스키." 똑똑.

목소리 또한 틀림없는 빅터였다. 빅터는 3살이고 한국 나이로는 4살인데 가족관이 있는 곳에서 내 방까지 혼자 올 수는 없고 그 꼬마가 내 방을 알 리도 없다. 뭐지?

문을 열자 빅터가 서 있었다. 엄마를 닮아 금발인지 아니면 어릴 때의 좋은 추억으로 남는 금발인지는 모르겠지만 머릿결이 아침 햇빛에 반사될 정도로 금빛을 넘어 하얗게 빛나고 있었다.

"까레이스키 꾸샤이."

"빅터! 아침부터 웬일이니?"

"꾸샤이. 보보루치 꾸샤이. 꾸샤이 꾸샤이 꾸샤이!"

"응? 보보루치?"

빅터는 내게 선행을 베풀듯 러시아식 아침을 건네주었다. 보보루치는 저만치서 반쯤 접힌 눈으로 나와 빅터를 보고 있었다. 감시?

그날 이후, 보보루치와 빅터는 매주 일요일 아침 7시경에 찾아와 '까레이스키!'를 외치며 방문을 똑똑 두드렸다. 그리고 나는 빅터와 보보루치의 감시하에 러시아식 아침을 얻어먹었다. 참으로 곰살맞게 구는 부자다.

보보루치는 나와 빅터 이외의 일에는 전과 다름없이 굴었기에 아무도 그의 행동 패턴을 아는 사람이 없었다.

"루치야, 혹시 너 몇 살이야?"

"루치? 루치?"

"응, 몇 살이냐고."

"보보루치, 보보루치."

"응? 알았다, 알았어. 보보루치 몇 살이니?"

"같다, 너."

"나랑? 정말? 친구네, 그럼?"

"친구 아니야?"

"어……? 그런데 어떻게 알았어, 내 나이?"

"봤어, 너 데이터."

"응? 뭐? 너……스파이지?"

나의 개인 정보를 어디서 봤는지는 모르겠지만 보보루치는 내 나이를 알고 있었고 나를 친구라고 했다. 연구실에서 교수에게 나를 친구라고 소개한 뒤로 보보루치에게 나는 친구였다. 그러나 보보루치가 정말 나와 동갑인지, 정말 러시아 사람인지는 나만 모르고 있었다.

"야, 너 이번에 여행 갈 거야?"

"무슨 여행?"

"학교에서 단체로 가는 거 있잖아!"

"케이시, 너는?"

"가야지. 당연히 가야지. 너는?"

"난 아르바이트가 있을 것 같은데?"

"너 매번 그렇게 말하면서 가지 않습니까요!"

"어떻게 알았어?"

"나 친구 4년이다! 그런데 그 러시아는 안 간대?"

"왜 나한테 물어봐! 네가 물어봐!"

"너희 둘이 사귀잖아!"

"왜 부럽냐?"

케이시는 목구멍에 집게손가락을 넣어 토하는 시늉을 해 보였다. 그러면서도 은근히 보보루치의 존재에 신경을 쓰고 있었다.

보보루치는 모든 생활이 베일에 가려져 있었다. 어디를 가고 무엇을 하는지 동선조차 파악되지 않았다. 그는 마치 자신의 모든 흔적을 지우고 다니는 듯했다. 접촉하는 사람도 내가 전부였다.

구소련과 미국의 냉전 체제가 끝났다고 하지만 지금 이 곳에서 일어나고 있는 미묘한 긴장감이 케이시와 보보루치의 관계에서 보이기 시작했다. 외국인 학생들이 모이는 장소에 가면 나를 가운데 두고 '좌 케이시, 우 보보루치'가 앉았다. 나는 늘 케이시와 같이 앉아 있었지만 보보루치가 오고 난 뒤로는 나 혼자 앉아야 하는 경우가 많아졌다. 보보루치는 얼음같이 하얗고 파란 얼굴로 미소를 머금는가 싶다가도 바로 고개를 돌려버리고, 케이시와 함께 걷는 것을 보면 내 어깨를 스치듯 빠른 걸음으로 우리를 추월해 앞으로 갔다. 질투?

외국인 학생들은 모두 한 버스를 타고 여행을 갔다. 시오지마는 학생들보다 더 즐거운 듯 기쁜 얼굴을 했다. 마찬가지로 나와 케이시도 들떠 있었다.

"보보루치, 너 혼자 가? 네 부인은?"

"안 가. 돈 없어."

"돈 안 들잖아! 데려오지! 버스에 미인이 없잖아!"

이 한마디로 시오지마는 야유를 한몸에 받았지만 틀린 말은 아니었다. 그만큼 보보루치 부인은 미인이었다.

"야, 왜 저런 녀석하고 결혼했을까?"

"능력 있나 보네!"

아무렇지 않게 가볍게 넘겼지만 실은 궁금했다. 왜?

호텔에 도착하자 각자 배정받은 방에 짐을 풀고 온천

으로 향했다. 우리는 노천 온천을 기웃거렸다. 역시 기대와 달리 탕에는 아무도 없었다. 있어도 '너희도 나중에 이렇게 늘어진다'고 몸소 보여주는 노인뿐이었다.

나와 시오지마와 케이시는 큰 욕조가 있는 곳에서 반신욕을 했다. 온천에 대해 하나도 모르면서 간판에 적힌 설명문을 읽으며 역시 온천이 최고라며 아는 척을 했다. 심지어 미래의 온천은 이렇게 되어야 한다는 둥 이런저런 계획을 세웠다. 다 벗고 있는 남자들이 수다를 떨고 있었다. 대화가 조금 섞인 수다일 뿐이다.

드르륵, 활짝. 그때 보보루치의 그림자가 보였다. 다른 사람들이 있어 우리 쪽으로 오라고 소리치지는 못하고 열심히 손짓을 했다. 뿌연 수증기를 헤치고 보보루치에게 초점을 맞추었다. 헉!

"보보루치!"

"아, 그렇지? 그런 거지?"

시오지마가 절망 섞인 탄식을 내뱉었다. 탕 안에 있던 우리 셋은 아무 말없이 고개를 끄덕일 수밖에 없었다.

보보루치 You Win! 🔒

호스트

노란색 양복을 입고 노란 금딱지 시계를 손목에 차면
나는 과연 행복했을까?

내 눈의 빛은, 세상을 보는 빛은 점점 회색으로 변하고 있었다. 몸이 힘들면 쉬면 되지만 아르바이트를 구하지 못하고 있다는 데 스트레스를 받고 있었다. 당장 돈벌이를 하지 못하면 한 학기를 마치고 곧바로 비행기를 타고 한국으로 돌아가야 했다.

일본에 도착해 한 달 안에 일자리를 찾는다는 건, 그렇게 할 수 있다는 건 오기 전의 환상에 지나지 않았다. 불안하기보다 우울했다. 그래도 어서 일을 해야 한다는 생각에 여기저기 아르바이트 자리를 부탁하고 다녔다.

어학 수업 시간은 시끄럽다. 머리로 손으로 눈으로 일본어를 외우고 쓰고 읽어도 입으로 한 번 크게 내뱉는 게

도움이 되고, 그게 진리임이 여기서도 이어져 내려오고 있다. 부정확한 발음으로 제 고향, 제 나라의 억양과 말투로 우왕좌왕하며 단어를 하나하나 읽는 소리는 통일되지 않고 1초 빠르거나 1초 느리게 발성되고 있다. 게다가 고장 난 에어컨이 덜컹거리며 분말 형태의 차가운 기운을 쏟아낼 것만 같은 기침을 했다. 시끄럽고 짜증이 났지만 별수 없었다.

나를 더욱 화나게 한 건 사쿠라바상의 지적이었다. 같은 반 아이들과 비교해서 그저 '아주머니, 더 하셔야겠어요!' 수준의 조그만 가능성을 가지고 있음에도 그녀는 끊임없이 지적을 해댔다. 이윽고 내게도 지적을 했다.

"그건 아니지. 이렇게 해, 이렇게."

"……"

"해 봐, 이렇게."

"……"

"왜 안 해? 안 하면 평생 그렇게밖에 못해."

"아줌마! 아줌마도 못하면서 왜 지적해요? 아줌마는 뭐 잘하는 줄 알아요? 그렇게 잘하면 아줌마 ㄱ 발음 한번 해 봐요! 자기나 잘하고 그러면 몰라, 지적하기는!"

아르바이트를 못 구한 스트레스에, 자기도 못하면서 남에게 지적하는 아줌마의 뻔뻔함에 터지고 말았다. 순식간에 교실 안이 조용해졌다. 연식이 꽤나 오래된 에어컨도 잠시 덜덜거림을 멈추고 시린 기운을 뿜어냈다.

뼁뽕. 때마침 쉬는 시간을 알리는 차임이 울렸다. 학생들은 기다렸다는 듯 가방에서 빵 쪼가리와 삼각 김밥 등을 꺼내 먹기 시작했다. 좀 전의 긴장이 삽시간에 사라지고 저마다 자신의 욕구를 채우기 바빴다. 사쿠라바상에게 지적받은 그 누군가도 상처를 받았을 수 있겠다고 잠시 생각한 내가 바보같이 느껴졌다.

"괜찮아?"

진상이었다. 그는 누구의 편이랄 것 없이, 손을 잡아주기보다 옆에 가만히 다가와주었다.

"저 사람, 괜찮은 사람. 네가 용서해. 괜찮아?"

알고 있음에도 더욱 짜증이 났다.

"진상, 혹시 아르바이트 없어요?"

"아르바이트 찾고 있다, 지금?"

"네……."

엉뚱한 물음에 진상은 상당히 당황한 모습이었다. 짜증내는 걸 달래놨더니 아르바이트 없느냐고 졸라대는 데 적잖이 놀랐을 것이다. 포기하다시피 진상에게까지 부탁을 하고 있는 내 자신도 참 놀라웠다.

당시 일본은 불경기에 접어드는 형국이라 외국인이 할 만한 아르바이트가 그다지 많지 않았다. 더군다나 공부와 병행하면서 할 수 있는 아르바이트는 세상에 존재하지 않았다. 무언가 얻으려면 반드시 무언가 포기해야 하는 어떤 진통이 오게 마련이지만 사람들은 잘 모른다. 포기인지 집착인지 아니면 모르는 척하는 건지.

"아르바이트 있는데……."

"네? 정말요? 시급은요? 몇 시간 해요? 아니, 할게요!"

이것저것 가릴 처지가 아니었다. 절박하고 간절했다.

"이리로 전화, OK?"

"고마워요!"

진상에게서 전화번호를 받아 적었다. 할 수 있다는 잠재의식이 깨어나고, 반드시 하겠다는 의지가 타올랐다.

"여보세요."

"네."

"아르바이트를 하고 싶습니다만……."

"지금 올 수 있나요?"

"그럼요! 지금 가겠습니다."

'지금'이라는 단어에 더욱 의욕이 일었다. 지금 오라니! 매혹적인 말이다. 아름다운 말이다.

"저, 아르바이트……."

"너였구나!"

"사쿠라바상……."

"아르바이트 할래?"

망설임 없이 하겠다고 답했다. 아름답고 매혹적이고 눈

부시게 좋았던 시간의 저쪽은 환영이 되어 눈앞을 지나가고 있었다. 진상을 믿는 게 아니었는데, 타이완이나 중국이나 그게 그거였는데 왜 그렇게 속단을 내리고 말았는지 나의 심심한 경박함에 고개가 숙여졌다.

"그럼 옷을 사야 하는데 그건 네 돈으로 구입해야 돼."
"개인 돈?"
"네가 입고 일하는 거니까 네가 사야지."

아마도 바텐더 옷일 것이다. 양복바지에 와이셔츠, 나비넥타이가 떠올랐다.

"옷 사러 가자."

사쿠라바상은 친절했다. 그렇게 잘난 척하지 말라고 그렇게 싫다고 악을 쓰고도 뻔뻔하게 아르바이트를 하겠다고 찾아온 내게 사쿠라바상은 친절히 옷을 사러 가자고 말하고 있었다.

사쿠라바상은 '스낙쿠'를 하고 있었다. 아마 나는 그곳에서 점장을 하게 되지 않을까 싶었다. 그러면 적어도 양복바지에 와이셔츠와 나비넥타이는 갖춰야 할 것이다. 그 정도의 지출은 감수할 수 있었다. 앞으로 벌면 되니까. 기왕 사는 거 좋은 걸 구입해야겠다고 마음먹었다.

사쿠라바상과 함께 백화점에 갔다. 많은 물건이 뒤덮인 곳에 왔지만 우리에게는 사야 할 것이 정해져 있었.

'검은색 바지, 흰 와이셔츠, 나비넥타이.'

"사쿠라바상, 이건 어떤가요?"
"글쎄, 상하 세트로 사야 할 것 같은데?"
어디에서 본 것과 같은 점장의 복장이 아닌가? 텔레비전에서 본 것과는 다른 건가? 술집 점장은 검은색 바지에 흰색 셔츠, 나비넥타이를 하는 게 아닌가? 사쿠라바상의 가게는 다른 영업 방침인 것 같았다.
"어! 이리 와 봐. 이거 어때?"
타이완 사투리가 엄청났다.
"노란색이요? 아니 노란색 양복을 어떻게 입어요?"
"역시 강한가?"
"강하죠, 강하다마다요!"
"그럼 이거다. 이걸로 정하자."
"네? 파란색이요? 이런 걸 어떻게 입고 다녀요?"
"가게에서만 입으면 되잖아."
"칵테일도 못 만들 것 같은데……."
"술 만들 필요 없어. 너는 아가씨들을 상대해야지."
"상대요? 무슨? 근데 옷이 6만 엔이나 되는데요!"
"월급에서 제하면 돼. 하루만 잘해도 6만 엔은 벌어."
"월급제 아니었나요?"
"하루저녁에 기본급 3천 엔은 나오지."
"사쿠라바상, 혹시 호스트시키는 거예요?"
"왜, 안 돼? 진상이 특별히 부탁해 별로 좋아하지도 않는 한국인을 써주려고 했는데. 뭐야, 시간 낭비했네."

가슴이 뛰었다. 호스트라니, 생각도 못한 반전이었다. 무엇이 잘못된 건지 어떤 단추부터 잘못 끼운 건지.

사쿠라바상은 가짜 결혼 비자로 일본에서 스낙쿠를 운영하며 이른 저녁에는 샐러리맨을 대상으로 일반 스낙쿠를 하고 자정이 넘어가면 호스트바로 바꿔 운영했다.

"정말 안 할 거야?"

"네, 미안해요……."

"참, 아직 배가 덜 고팠군."

정말 배가 덜 고팠는지 모른다. 기억을 되돌려보면 그다지 급하게 아르바이트를 구하지 않아도 될 것 같은 생각이 들었다. 그 순간을 한시라도 빨리 빠져나갈 수만 있다면 어떤 후회도 하지 않을 것 같은 생각이 들었다. 그리고 다시는 남에게 아르바이트 자리를 부탁하지 않겠노라 맹세했다. 내가 먹을 밥은 직접 지어 먹는 게 가장 빠르고 가장 안전하고 가장 맛있다는 걸 그제야 깨달았다.

'아직 배가 덜 고팠군.'

배는 고팠지만 머리와 가슴까지 마르지는 않았다.

"형, 아르바이트 있는데. 할래?"

"응? 뭔데? 나 지금 하고 있는 것만으로 벅찬데?"

"일본어 회화 가르치는 거야. 아무 날이나 상관없어."

"아, 가르치는 거야? 네가 하지 왜?"

"난 못해. 잠깐 관광 비자로 왔는데 회화 배우고 싶대."
"뭐, 하지."
"그럼 형한테 연락하라고 전화번호 가르쳐줄게."

자신 있었다. 상대가 누가 될지는 모르지만 나를 만나게 된 걸 후회하지 않게 해주리라 마음먹었다.

"안녕하세요. 소개받고 전화했습니다."
"네, 안녕하세요. 시간 언제 괜찮으세요?"
"매일 안 될까요? 자정 이후에 일을 가야 해서요."

계절노동자인가? 단기 비자로 들어와서 한 계절만 일을 하고 목돈을 만들어가는 계절노동자가 꽤 있었다. 며칠 후, 어느 패밀리레스토랑에서 그를 만났다.

"일본에 오래 계셨다면서요?"
"어떻게 하다 보니 그렇게 되었네요."

모든 경우에 체류 기간과 어학 능력이 비례하지는 않고, 또 민감한 질문이지만 어찌 보면 당연한 물음이었다. 돈 내고 배우는데 선생의 자격을 물을 자격은 충분했다.

"과외비는 얼마로 정할까요?"
"보통 시간당 3,000엔에서 3,500엔입니다만."
"아, 그 정도밖에 안 하나요?"

그 정도라니, 더 비싸게 불러야 하나? 보통 시급이 800엔에서 1,000엔임을 감안하면 여느 아르바이트에 비해 상당한 액수였다.

"더 받을 줄 알았나요?"
"네. 4,000엔 드릴 테니 스페샤루 코스 부탁드립니다."
"스페샤루 코스요?"
"네! 우리 가게에는 스페샤루 코스가 있거든요!"
"어떤……."
"아, 호스트바요. 3개월만 바짝 하고 돌아가려고요."
"아……."

그는 말문이 터진 어린아이처럼 며칠 만에 한국인을 만났다는 듯 묻지도 않은 소리를 이것저것 늘어놓았다.

"선생님, 이거 말고 또 다른 아르바이트하고 있어요?"
"네, 하고 있습니다만……."
"시간당 얼마 받아요?"
"980엔 받습니다."
"아, 그 정도구나. 나는요, 내가 호스트를 하리라고는 생각도 못했어요. 그렇게까지 살아야 하나 싶더라고요. 근데요, 가게 손님 중에 무당이라는 별명을 가진 일본 여자가 있는데 그 여자 마음에 들면 롤렉스 시계를 사주더라고요. 이것 봐요, 이게 그거예요."

정확히 3년 전의 기억이 되살아났다. 지금 앞에서 이야기하고 있는 남자처럼 내가 노란색 양복을 입고 노란 금딱지 롤렉스를 하고 있는 상상을 했다. 몇백만 원이나 하는 시계를 차고 있는 나는 과연 행복했을까?

그는 무당이라는 별명을 가진 일본 여자에게서 목돈을 챙겨서 떠날 거라며 결의에 찬 표정으로 말했다. 그 여자에게 예쁨을 받으려고 일본어 회화를 배운다고 했다. 그는 내게 일시불로 12만 엔의 큰돈을 주고 무당의 마음을 잡기 위해 '스페샤루 코스'로 배워나갔다.

"어제 내준 숙제 했어요?"

"아니요, 못했어요. 너무 피곤해서……."

"그럼 어떻게 해요? 내게 준 돈도 있는데 아깝잖아요."

"뭐, 그 돈 하루면 벌어요! 좀 쉬었다 할까요?"

"그럼 오늘 쉴까요?"

"그러죠. 참! 우리 가게에 한자리 비었는데 선생님 안 할래요? 아마 선생님 말발 정도면……. 한번 내 말 들어봐요. 하길 잘했다고 생각할걸요?"

"내가요?"

"잘 가르쳐줄게요. 아으, 오늘 정말 피곤하네요."

그는 과외를 시작한 지 2주도 안 되어 피곤하다며 하루를 쉬더니 그 후로 연락도 소식도 닿지 않았다. 더는 무당의 이야기도 어마어마하다는 그 가게의 이야기도 들을 수 없었다.

금딱지 시계를 그리 좋아하더니 한몫 챙겨서 돌아간 걸까? 어찌했든 나는 그가 손에 쥐어준 12만 엔으로 장을 보러 종종 달려나갔다. 🔒

여행

우리들의 여행!
함께 하기에 행복한 사람들!

여행을 갔다. 옆자리에는 케이시가 앉았다. 얼마 전, 케이시에게서 빌린 5,000엔이 생각났다. 혹시 그 돈을 갚지 않는다고 속으로 구시렁거리지는 않을지 걱정이 되었다.

버스는 해안선을 따라 미끄러지듯 내달리고 있었다. 통로 건너편 옆자리에 앉은 보보루치는 반쯤 감긴 눈으로 창밖의 모든 풍경을 외울 듯 분주히 밖을 내다봤다.

코로 들이쉬는 에어컨 바람이 쾌적했다. 창밖에 비치는 초여름의 싱그러움과 화창하고 맑은 날씨가 고속버스 안의 잘 갖추어진 송풍 장치와 어우러져 기분이 상쾌했다.

폴과 자빌은 맨 뒷자리에 앉아 아랍어를 공부했다.

"이렇게?"

"아니야. 크르우……."

"클우!"

"아니야, 바보야! 크르우……."

저 둘을 누가 맺어줬는지 상을 줘야겠다고 생각했다. 어쩜 그리 잘 어울리는지 반토막짜리 단어로 대화를 나누는 그들이 순진무구해 보였다.

앞자리에 앉은 시오지마는 뭐가 그리 피곤한지 자양 강장제와 피로 회복제를 양손에 들고 마시더니 내게도 권했다. 주저하지 않고 받아먹고 싶었지만 3번은 거절해야 한다는 암묵의 국제적인 룰을 상기해 2번 거절을 하고 3번째 거절을 하던 중 마침 3일 전에 도착한 편지가 떠올랐다. 여행 가면서 읽어야겠다고 마음먹은 편지였다.

홍콩의 패트릭과 스리랑카의 고타베야가 보내온 것이었다. 웬일인지 두 사람에게서 온 편지는 똑같이 스리랑카 우체국 소인이 같은 날 찍혀 있었다.

혹시나 싶어 봉투를 만져보니 역시 안에는 얇은 편지지밖에 없었다. 누구누구의 말처럼 친하게 지냈더니 비행기표를 보냈더라, 사업이 확장되었더라, 좋은 인연을 만났더라 같은 걸 기대한 게 잘못이었다. '나는 괜찮아, 괜찮아'를 반복해서 되뇌었다. 무심한 사람들이란 걸, 과자 쪼가리라도 보내면 세상이 무너지는 줄 아는 사람들이란 걸 한순간 잊고 있었다. 그렇다고 억울하지는 않았다. 그

두 사람이 보낸 것임을 안 순간 달랑 편지지 한 장이 있으리라고 기분 좋게 예측했기 때문이다. 무서우리만치 정확히 예측했다. 뭐, 괜찮으니까…….

한 통은 '한국인 앞', 한 통은 '선배 앞'이다. 수취인 이름만 봐도 누가 보냈는지 알 수 있다. 고타베야가 보낸 '선배 앞'을 집어들고 지금의 호사스러운 환경에 감사했다. 기분 좋은 상쾌한 여행과 읽을 편지가 있다는 것에.

편지 봉투를 뜯고 있는데 시오지마가 말을 걸었다.

"러브레터?"

웃고 싶었지만 손에 쥔 편지에 그다지 가슴 설레는 상황이 전개되어 있을 것 같지 않아 무표정으로 시오지마를 바라봤다. 요즘 세상에 러브레터를 쓰는 연인이 몇이나 될까? 이게 진짜 러브레터라면 나는 꽤 운이 좋은 사람일 텐데. 입가를 살짝 움직여 웃었다.

"역시 러브레터!"

시오지마가 편지를 빼앗아 봉투 겉면을 확인했다.

"한국인 앞, 선배 앞……너 역시!"

또 말도 안 되게 남자와 사귄다고 추측하며 억지로 웃기려고 했다. 보보루치가 반쯤 감긴 눈으로 나와 시오지마가 빼앗아간 편지를 번갈아 바라봤다. 창밖의 경관에 한눈이 팔려 우리가 무슨 이야기를 하는지 하나도 모르고 있으면서 다 안다는 듯 턱을 끄덕끄덕했다. 케이시는

'우아!' 하고 감탄사를 뱉으며 시오지마 편에 서 있었다.

설사 이 편지가 러브레터라고 해도 이게 부러움을 살 만한 일인지, 반대로 시대를 역행하고 있다고 뒤처졌다는 소리를 들어야 하는 건 아닌지 우스워졌다. 이 버스 안의 사람들이 패트릭과 고타베야의 자린고비 생활과 'Sit down 해주세요' 같은 놀라운 말싸움을 알면 어떤 반응을 할지 궁금했다.

앞뒤 다 빼먹고, 하던 버릇 그대로 반말이고, 엉망인 편지에 웃음이 나왔다.

"시오지마, 얘 편지 보고 얼굴 빨개."

"거봐, 그렇다니까! 틀림없다니까!"

징- 징- 휴대전화 진동이 울렸다. 격정적인 진동이다. 학생 할인이라는 문구에 충동구매한 최신형 휴대전화다.

오른쪽 바지 주머니에 깊숙이 넣어두었는데 몸의 반이 흔들리고 케이시까지 진동을 느낄 정도다. "전화!" 케이시가 어서 전화를 받으라고 재촉했다. 오오키 선생이었다.
"언제 들어가요? 언제 귀국해요?"
"귀국이요? 졸업하고요? 아직 더 남았는데요."
갑자기 전화해서 귀국이라니? 졸업까지는 아직 반년도 더 남았는데…….
"그래 봐야 반년이지. 그전에 통역, 번역 일할 사람 찾아야 하잖아요."
소리치고 싶었다. 지금껏 해온 게 있는데 반년 후에 일할 사람을 미리 찾겠다고 전화를 걸어서 밝고 상쾌한 여행을 망치지 말라고! 갑자기 마음이 무겁고 화가 났다. 왜 그리 실망시키는지, 아니 어련히 알아서 그만둘까! 졸업하면 일해 달라고 해도 절대로 안 할 테니까 걱정하지 말라고! 돈도 몇 푼 못 받는 통역 따위! 쏘아붙여야겠다!
"아, 네. 그렇게 해야지요. 적당한 사람 찾아볼까요?"
"응. 송별회는 내가 준비할 테니까 걱정하지 마요."
"네?"
뻑- 소리와 함께 전화가 끊어졌다. 자기 말만 하고 전화를 끊는 습관은 까칠한 성격보다 더 먼저 고쳐야 할 부분이라고 생각했다.
"야! 너 옛날에 침 치료받았다고 했지?"

"그랬군, 그랬군, 그랬어."

한국어로 대답했다. 언젠가 케이시에게 알려준 한국어다. 잘했군, 잘했군, 잘했어. 그래서 내 케이시라지 하고. 보보루치와 시오지마는 놀란 듯 나를 바라봤다.

"자네군, 자네군, 자네입니다!"

케이시는 말 끝에 '-니다', '-습니다'만 붙이면 한국어가 된다고 맹신하고 있었다.

"너희, 뭐야?"

시오지마가 끼어들고 싶어 했다. 그렇지만 나와 케이시는 많은 것을 공유하고, 일본에 사는 외국인이고, 우리만 아는 무엇이 있기에 누구도 끼어들 수 없다.

"케이시, 침 치료받고 싶어?"

"어제 텔레비전에 침 치료 나왔어. 한국이 유명해."

"그렇지만 한국에 가야 할 수 있잖아."

"너 침 맞았다면서?"

"응, 그 사람은 한국 사람 아니야, 중국인이야."

"나 맞아도 괜찮을 거 같아?"

"케이시, 너 건강하잖아?"

"나 아파. 힘없어, 요즘······."

곁눈으로 들을 거 다 듣는 보보루치가 피식 웃었다.

"힘없다고 막 맞으면 안 되는 거 아닌가? 혹시 침 맞으면 손오공 될까 싶어서 그래? 그렇지?"

"아닙습니다!"

몇 주 전, 학교 앞 슈퍼에서 진상을 봤다. 허리를 꼿꼿이 세우고 자전거를 타고 가고 있었다. 수소문하면 바로 연락이 닿을 것이다.

갑자기 리짱 생각이 났다. 그도 연락을 하면 만날 수 있을까? 언젠가는 리짱과 다시 친해질 수 있으리라 생각했다. 예전에는 그렇게 친했는데, 매일 밥을 같이 먹고 단어 공부를 했는데……. 지금은 단지 리짱과 기싸움을 하고 있는 것이다. 오오키 선생이 나를 위한 송별회를 해준다는 그때가 되면 리짱은 반드시 그곳에 올 것이다. 송별회 때 만나면 자세히 이야기할 시간이 있을까. 쌓아놓은 말도 못하고 헤어지는 게 아닐까. 아무래도 여행에서 돌아가면 내가 먼저 연락을 해야겠다고 생각했다.

"요! 카이루루요! 노래해!"

시오지마의 주도로 관광버스의 노래자랑이 시작되었다.

"나? 노나마니 사빠양 뿌양 노나마니 사빠양……."

카이루루는 말레이시아인이면서 인도네시아 민요를 부르기 시작했다.

"나는 안 하니까 시키지 마. 애국가 부를 거니까!"

케이시는 미국 국가를 부르겠다고 으름장을 놓았다. 그 말에 '아, 이거다!'라고 마음으로 외친 학생이 있었을까? 나도 우리나라 애국가는 3절까지는 해야 한다고 마음먹고 기억해 놓았으니 말이다. 어쩌면 그날 우리는 20여 개국의 애국가를 들으며 맑고 상쾌한 여행을 했을지도 모른다.

건너편의 보보루치는 자는 척을 하고 있었다. 그도 자기 나라의 국가를 생각하고 있었을까? 보보루치도 긴장을 하는구나, 그런데 혹시 노래를 잘한다면? 마이크를 잡고 흥겹게 러시아 민요를 부른다면? 보보루치가 어떻게 행동하는지에 따라 버스 안의 분위기가 흥하거나 망할 수 있었다. 그래도 그렇지, 자는 척이라니. 스파이, 정보원이라는 소문은 어디까지나 소문에서 끝날 것 같았다.

"시오지마상!"

카이루루의 노래가 끝날 때쯤 자빌이 시오지마를 불렀다. 시오지마는 무언가에 홀린 사람처럼 자신의 이름에 흠칫 반응하더니 자빌에게 알았다는 제스처를 취하고 곧 운전사에게 다가갔다. 그리고 잠시 후, 버스가 멈춰 섰다.

"위에서 이렇게 하라고 해서……."

시오지마가 변명을 늘어놓았다.

"바닥에 까는 건 기사님이 주신대. 나가서 자리 잡아!"

자빌의 국제적인 발상은 여기에서도 발휘되고 있었다. 잘나가는 버스도 쉬게 하는 그의 건의사항.

자빌과 카이루루, 말레이시아인 등 이슬람권 학생들이 모두 일어나 밖으로 나갔다. 시오지마와 자빌은 작전을 성공했다는 듯 뜨겁게 악수를 나누었다. 그리고 그들은 자리를 잡고 앉아 기도를 하기 시작했다. 버스에 남겨진 우리에게는 아무런 양해도, 말도 없이.

"하루에 3번에서 5번, 엄청나네."

멈춰 선 버스에 앉아 그들을 기다리는 사이, 잠시 시간도 생명의 흐름도 멈춘 듯했다. 이대로 시간이 멈춰버려도 괜찮을 거라는 생각이 들었다. 모두 함께라면 슬픔과 아픔보다는 행복한 일이, 맑고 상쾌한 일이 생길 것 같아 기분이 좋아졌다.

텁텁하고 끈끈한 장마가 개고 맑디맑은 8월의 여름날에는 그 친구들이 생각난다.

에필로그

 중국인들의 파티에 초대받은 적이 있다. 파티라기에 가벼운 긴장과 스트레스를 가지고 처음 보는 음식이며 못 먹었던 음식을 잔뜩 먹을 수 있으리라는 한층 부푼 기대감에 온종일 들떠 있었다.
 누군가의 생일 파티라는 걸 당일 약속 장소에 도착해서야 알았고, 그들이 말한 파티가 단지 같은 부류의 사람들이 모여 밥을 먹는 행위라는 걸 깨달았다. 그럼에도 나는 파티라는 단어가 주는 이국적인 향기에서 벗어나지 못하고 그 시간을 보냈다.
 어떤 이는 세상에 태어나 가장 큰 행복이 '미국에 살며, 독일제 차를 끌고, 일본인 부인을 얻어, 중국 음식을 먹는 것'이라고 했다. 내가 보기에는 적어도 몇 가지는 틀렸다. 이 행복의 조건 가운데 적어도 몇 가지는 개인적인 차이가 있을 것이다. 그것만으로 모든 사람이 행복할 수는 없다.

잘 사는 법, 잘 살아가는 법, 수많은 삶의 방법을 하나하나 질문하며 살 수는 없다. 그렇게 살고 싶어 해도 잘 되지 않는다.

그렇지만 희망이 보이기는 한다. 사람, 나의 사람들이다. 나를 알고, 이해해주고, 만나주었던 사람들이다. 처음 만났을 때와 지금의 모습을 비교해 보면 그들은 그전과 엄청나게 다른 길을 가고 있다.

또 어디서 어떤 식으로 그렇게 하고 있을지 모른다. 현재 또 누군가를 만나 그 사람의 기억에서 살게 될지 모른다. 사람들은 필요할 때 그때 그 사람을 이야기한다. 사람이라는 보석을 이야기한다.